Angélique Beldner

Martin R. Dean

Der Sommer, in dem ich Schwarz wurde

atlantis

Atlantis Bücher erscheinen im
Kampa Verlag.

www.kampaverlag.ch
Umschlaggestaltung: Lara Flues, Kampa Verlag
Satz: Tristan Walkhoefer, Leipzig
Gesetzt aus der Stempel Garamond LT / 210160
Druck und Bindung: Friedrich Pustet, Regensburg
Auch als E-Book erhältlich
ISBN 978 3 7152 5000 7

VORWORT VON ANGÉLIQUE BELDNER

Fast mein ganzes bisheriges Leben lang habe ich nie über meine Hautfarbe[1] gesprochen. Ich wollte als Individuum wahrgenommen werden, als Schweizerin. Ich wollte, dass die Farbe meiner Haut keine Rolle spielt, weder im Guten noch im Schlechten. Ich wollte meine Ziele erreichen, nicht trotz der Hautfarbe und schon gar nicht wegen ihr, sondern mit ihr.

Mit dieser Strategie bin ich gut gefahren. Ich nahm das Leben, wie es kam. Rassismus war für mich weit weg. Nicht, weil ich ihn nicht erlebt hätte, sondern weil ich ihm keinen Raum geben wollte. Das ist mir gut gelungen. Ich hätte viel darauf gewettet, dass ich niemals in einem Film oder einem Buch meine eigenen Rassismuserfahrungen vertiefen würde. Das war für mich etwa so abwegig wie die Vorstellung, mich ohne Fallschirm irgendwo runterzustürzen.

Bis zum Sommer 2020, der alles veränderte. Am 25. Mai 2020 starb in Minneapolis im US-Bundesstaat Minnesota der 46-jährige Afroamerikaner George Floyd durch brutale Polizeigewalt. Er hatte sich mit einer mutmaßlich gefälschten 20-Dollar-Note eine Schachtel Zigaretten gekauft. Zwei Mitarbeiter des Ladens folgten ihm auf die Straße und verlangten die Zigaretten zurück. Floyd weigerte sich, was ihm zum Verhängnis werden sollte. Er hatte in seiner Vergangenheit bereits negative Erfahrungen mit der Polizei gemacht und war zunächst nicht kooperativ. Die Polizisten hatten bereits negative Erfahrungen mit anderen Schwarzen gemacht und waren nicht zimperlich. Nein, sie waren gewaltsam. Einer der Polizisten kniete neuneinhalb Minuten lang auf Floyds Nacken, obwohl Floyd mit den Händen auf dem Rücken bereits in Handschellen lag, sich nicht wehren konnte und um Luft rang. Die anderen anwesenden Polizisten schauten zu und schritten nicht ein. Floyd starb schließlich auf dem Bauch liegend, nachdem er etwa dreißig Mal folgenlos »I can't breathe« gehaucht hatte, »ich kann nicht atmen«.

Dieser gewaltsame Polizeieinsatz eines weißen US-Polizisten gegen einen Schwarzen Mitbürger war nicht der erste. Doch es war der Vorfall, der die ganze Welt aufhorchen und schließlich auf die Straße gehen ließ. Es war der Sommer, in dem auch die Schweiz protestierte. Gegen die Gewalt gegen die Schwarze Bevölkerung in den USA, aber auch gegen den immer noch vorhandenen Rassismus an vielen anderen Orten dieser Welt, auch in der Schweiz. Es war der Sommer, in dem das Thema allgegenwärtig war. In den Medien, auf der Straße, in der Kantine und abends am Familientisch. Es war der Sommer, in dem ich meine Hautfarbe auf einmal nicht mehr ignorieren konnte. Es war der Sommer, in dem ich schmerzlich erfuhr, wie viele Menschen immer noch viele Dinge abstreiten oder kleinreden, die aus Sicht jedes und jeder Schwarzen in diesem Land schlicht Realität sind. Es war der Sommer, in dem sich all diese Reaktionen wie Nadelstiche in mich bohrten. Es war der Sommer des großen Schmerzes. Im eigenen Land, in meiner Heimat, da, wo ich glücklich war und es bleiben wollte, da stieß ich auf einmal auf so viel nicht eingeforderte Unterstützung, aber gleichzeitig auch auf viel Unverständnis. Es war der Sommer, in dem ich merkte, dass ich selbst alles immer kleingeredet und jegliche Diskriminierungserfahrung verdrängt hatte. Es war der Sommer, in dem alles hochkam und ich merkte: Wenn alle so schweigen würden wie ich, wird sich niemals etwas ändern. Ich beschloss aufzustehen, egal, wie viel Kraft es mich kosten würde. Ich beschloss, mich von nun an zu wehren. Für mich, aber auch für alle anderen, deren Stimmen nicht gehört werden. Dazu gehörte, dass ich zunächst akzeptieren musste, dass ich anders aussehe als die Mehrheit in diesem Land. Ich kann mich benehmen wie die Mehrheit, ich kann sprechen wie die Mehrheit, ich kann mich anpassen, so viel ich will. Etwas an mir bleibt anders. Meine Hautfarbe. Es war der Sommer, in dem ich aufhörte, meine Hautfarbe als Handicap hinzunehmen. Der Sommer 2020 war der Sommer, in dem ich Schwarz wurde.

Für mich begann im besagten Sommer eine Auseinandersetzung mit Rassismus im eigenen Land, mit meinen eigenen teils verdrängten, teils beschönigten Erfahrungen. Ich war auf einmal bereit, hinzuschauen und zu reden. Weil mir bewusst wurde, zu was das Schweigen geführt hatte. Ich hatte mich schweigend gut eingebettet und mir Strategien zugelegt, die mich gut durchs Leben kommen ließen. Doch mir wurde auch bewusst, dass ewiges Schweigen keine Option sein kann, weil uns das nicht weiterbringt. Wir können aus unseren Fehlern lernen. Doch erst, wenn wir sie als Fehler erkannt haben. Dazu braucht es uns alle. So entstand im Herbst 2020 der SRF-Dokumentarfilm in der Reihe *Reporter* mit dem Titel »Rassismus in der Schweiz: Der Sommer, in dem ich Schwarz wurde«. Nach diesem Film erreichten mich hunderte Rückmeldungen. Unterstützende, verständnisvolle, fragende, bestätigende, kritische, besserwisserische und auch rassistische. Alle diese Reaktionen ergaben ein Bild davon, wo die Schweiz beim Thema Rassismus im Jahr 2020 stand. Daraus entstand die Idee, das Thema in einem Buch zu vertiefen und einen Teil dieser Rückmeldungen darin einfließen zu lassen.

Eine Rückmeldung kam von Schriftsteller Martin R. Dean. Er schrieb mir in einer Mail:

*»Ihre Sendung hat mich berührt, weil sie auch einen Teil meiner Biografie beschreibt. Als Sohn eines aus Trinidad stammenden Vaters bin ich in den fünfziger Jahren im aargauischen Menziken aufgewachsen. Ich habe in einigen Büchern die Erfahrung des Rassismus beschrieben, hatte aber erst dieses Jahr den Eindruck, dass diese Erfahrungen von den Schweizer*innen gehört wurden. Ich habe also vergleichbare Ermutigung durch die Black-Lives-Matter-Bewegung erfahren wie Sie, kenne aber auch die tausendfachen Weisen der Verharmlosung, des Abstreitens, der Leugnung. Vielleicht können wir uns mal kennenlernen. Vielleicht können wir sogar einmal eine gemeinsame Veranstaltung machen. Ein Engagement scheint sehr wichtig zu sein.«*

Das war der Anfang einer wertvollen Beziehung. Seit dem Herbst 2020 tauschten wir uns regelmäßig über unsere Identitäten und unsere Erfahrungen aus. Aus seiner Idee einer gemeinsamen Veranstaltung und meiner Idee eines Buches mit Rückmeldungen entstand dieses Buch in Gesprächsform, in dem Reaktionen zum Dokumentarfilm collagenartig eingebaut wurden.

Angélique Beldner, im März 2021

HINWEISE

Abgedruckte Rückmeldungen

Alles kursiv und in Anführungszeichen Gesetzte, das keine Quelle aufweist, sind Reaktionen, die mich per Mail, Briefpost, SMS oder als persönliche oder öffentliche Nachrichten über die Social-Media-Kanäle erreicht haben. Der größte Teil sind Reaktionen auf den Film, einige Nachrichten wurden mir unabhängig davon zugestellt. Vereinzelt wurden mir auch Texte zugeschickt, die bereits in der hier abgedruckten oder einer ähnlichen Form andernorts veröffentlicht wurden. Schweizerdeutsch, französisch und englisch geschriebene Reaktionen wurden für dieses Buch ins Hochdeutsche übertragen, Sprachnachrichten auf Hochdeutsch transkribiert. Die Absender*innen der allermeisten Reaktionen sind mir bekannt und haben mir die Erlaubnis gegeben, ihre Zuschriften abzudrucken. Nur einzelne habe ich nicht gefragt. Es sind jene, die mir ihre Rückmeldung anonym zugestellt haben, deren Rückmeldung ich als zutiefst respektlos empfinde, und ganz wenige, die ich zu meinem Bedauern nicht ausfindig machen konnte. Im Buch sind sämtliche Reaktionen anonymisiert. Diese Kommentare zum Thema Rassismus sollen einen Einblick in die Gedanken vieler Menschen in der Schweiz geben. Wir möchten dezidiert darauf hinweisen, dass sie nicht unsere persönliche Meinung abbilden. Wir haben uns bewusst entschieden, die Meldungen nicht zu kommentieren.

Triggerwarnung

Im Buch wird über Erfahrungen berichtet, die Leser*innen verstören können. Es werden zudem Rückmeldungen mit teils rassistischem Inhalt und rassistischen Formulierungen abgedruckt. Die meisten rassistischen Wörter werden dabei ausgeschrieben. Um die Realität abzubilden, war es unvermeidbar, einige dieser Begriffe zu reproduzieren. Die Wörter N* und M*kopf werden jedoch konsequent nicht ausgeschrieben.

Verwendung der Begriffe »Schwarz« und »People of Color«

Dem Thema Begrifflichkeiten widmen wir in diesem Buch ein ganzes Kapitel (»Die Farbe der Wörter«). Wir haben uns entschieden, im Buch von People of Color oder Person of Color, kurz PoC zu sprechen. Der Begriff stammt aus dem Selbstbezeichnungsvokabular rassistisch unterdrückter Menschen. Er wurde im Laufe der sechziger Jahre im Kontext der Black-Power-Bewegung als politischer Begriff geprägt. Auch benutzen wir den Begriff »Schwarz« als politische Selbstbezeichnung von Menschen mit Rassismuserfahrung. Schwarz wird deshalb mit großem S geschrieben.[2]

Wir verweisen an dieser Stelle zusätzlich auf das Glossar im Anhang dieses Buches. (S. 181)

»Als Barack Obama zum 44. Präsidenten gewählt wurde, hatte ich Freude und Angst: Freude ›that the change has come‹, Angst vor der Nachricht, er wäre erschossen worden. Als ich dich zum ersten Mal im TV sah, hatte ich Freude und Angst: Freude ›that the change has come‹, Angst, die Anfeindungen würden dich zerstören.«

Black-Lives-Matter-Demonstration in Zürich im Juni 2020
© KEYSTONE/Ennio Leanza

48
WHITE SILENCE IS VIOLENCE
RACISM
#BLACKLIVESMATTER

DER SOMMER 2020

»Du hast mir die Augen geöffnet und gezeigt, wie wichtig die Black-Lives-Matter-Proteste auch bei uns waren. Ich konnte es nie ganz einordnen, warum die Proteste von den USA *aus so stark auf uns ausstrahlten – und ob es gerechtfertigt sei, die Verhältnisse in den* USA *mit unseren hier gleichzusetzen. Du hast mir zu meiner Beschämung eine klare Antwort geliefert. Dafür danke ich dir sehr.«*

ICH: Nach dem gewaltsamen Tod von George Floyd ging es mir am Anfang so, wie den meisten anderen Menschen in unserem Land wahrscheinlich auch. Er bewegte mich, tat mir leid und weh, mit mir zu tun hatte er zunächst aber eigentlich nichts. Es ging um Polizeigewalt, die ich selbst nie erlebt habe, und es ging um die USA. Für mich fühlte es sich erst mal noch ganz weit weg an. Wie war das bei dir, Martin?

MARTIN: Die Bilder des auf Georges Hals knienden Polizisten haben mich empört und gleichzeitig ein mir bekanntes Ohnmachtsgefühl hervorgerufen. Doch dann merkte ich an den Kommentaren, dass sich etwas änderte. Ich redete mit Freund*innen darüber, und eine Zeit lang gingen wir davon aus, dass es sich um eine typisch amerikanische Situation handelte. Doch plötzlich ging mir auf, dass es auch in der Schweiz vergleichbare Situationen gab. Ja, dass ich schon etliche Male von der Polizei angehalten worden war, Gott sei Dank nie so brutal. Und dann versammelten sich die Menschen auf dem Barfüsserplatz in Basel, und ich wusste, ich musste da hin, ich war es meiner eigenen Lebensgeschichte schuldig, dem, was ich seit Kindsbeinen erfahren und auch erlitten hatte. So stand ich dann mit meiner Geschichte bei den anderen, die auch ihre Geschichte hatten, und fühlte, was sie fühlten. Was haben diese Solidarisierungen bei dir ausgelöst?

ICH: Was zunächst vermeintlich nichts mit mir zu tun hatte, bewegte mich allmählich sehr. Es geschah etwas mit mir, das ich erst gar nicht bemerkte. Etwas, das dazu führte, dass mir diese Geschichte und alles, was mit dem Schwarzsein und mit Rassismus zu tun hat, immer näher kam. Es kam mir geografisch näher, aber auch emotional. Es hatte damit zu tun, dass die Rassismusdiskussionen nicht mehr aufhörten. Im Gegenteil: Sie wurden lauter und intensiver, und ich begriff allmählich, welche Gefühle und Meinungen in der Gesellschaft vorhanden sind. Ich spürte auf einmal eine große Solidarität, das war schön. Ohne dass ich danach gesucht oder verlangt hätte, tauchten plötzlich Menschen auf, die die gleichen Erfahrungen machen wie ich. Sie erzählen das Gleiche wie ich, sie erleben das Gleiche wie ich. Das war etwas komplett Neues für mich.

MARTIN: Für mich war neu, dass ich auf einmal mit so vielen Menschen darüber sprechen konnte. Früher waren es nur einzelne – meist ebenfalls Betroffene. Das fühlte sich dann jeweils an, wie wenn zwei Kranke sich unterhalten und der eine sagt: »Hast du auch so Kopfweh?«, und dann der andere bestätigt: »Ja, ich hab' auch so Kopfweh«. Doch hier war es etwas ganz anderes. Der blinde Fleck wich einem Bewusstsein, und Freund*innen und Bekannte sprachen das Thema an. Es gab plötzlich einen Resonanzraum in der weißen Gesellschaft, der mich erschreckte, aber auch begeisterte. Und es gab viele Freund*innen, die zu Kompliz*innen wurden. Man hat dann auch über jene Bücher von mir gesprochen, in denen ich Diskriminierungserfahrungen beschreibe. Kurz: Es gab wie aus heiterem Himmel plötzlich ein Verständnis. Die Demonstrationen, die Berichte und Analysen waren im wahrsten Sinne eine Ermutigung. Warst du auch auf diesen Demonstrationen?

ICH: Ich war auf keiner dieser Demos. Ich hatte nicht das Bedürfnis hinzugehen – oder vielleicht muss ich eher sagen: Ich hatte Angst, hinzugehen. Denn ich habe das Thema nicht an mich herangelassen und ich wollte es auch nicht an mich heranlassen. Aber ich habe natürlich die Bilder gesehen, ich habe gesehen, welche Transparente die Demonstrant*innen in die Luft hielten. Und ich dachte: Krass, da steht ja das, was ich denke. Woher wisst ihr das? Ich war mein ganzes bisheriges Leben lang davon ausgegangen, mit meinen Erfahrungen, Gedanken, Empfindungen alleine zu sein. Kaum je habe ich mit jemandem darüber gesprochen. Doch auf einmal sah ich überall Schwarze Menschen und habe mich gefragt: Woher kommt ihr plötzlich? Euch habe ich bisher gar nicht registriert. Schlimm, oder? Ich bin – salopp gesagt – in meiner Kindheit stehen geblieben, in der es in meiner Umgebung kaum andere gab, die so aussahen wie ich. Mit diesen Scheuklappen lief ich 44 Jahre lang durch die Welt. Ich hatte gar nicht bemerkt, dass sich meine Umwelt längst verändert hatte, dass sie viel diverser geworden war. Diese Erkenntnis hatte etwas Schönes. Aber da war eben auch noch die andere Seite. Das Thema Rassismus war allgegenwärtig. Jede und jeder äußerte sich dazu, hatte eine Meinung. Und viele äußerten sich auf eine Art, die mich verletzte. Als wüssten sie genau, wovon sie sprechen, als wüssten sie genau, welche Probleme bestehen und welche nicht, als wüssten sie genau, was verletzend sein kann und was man »nicht persönlich nehmen« sollte. Es wurde so viel debattiert, dass der Moment kam, wo ich dachte: Ich kann nicht weiter schweigen. Denn im Gegensatz zu den allermeisten Menschen ohne Diskriminierungserfahrungen begleitet mich das Thema schon mein ganzes Leben. Ich habe dazu wirklich etwas zu sagen.

MARTIN: Es braucht Geschichten, in denen Menschen wie wir unsere Erfahrung anderen zugänglich machen. Und jede Erfahrung, das weiß ich mittlerweile, ist verschieden. Es sind nicht dieselben Blicke, Worte und Gesten am Werk, wenn ein halb-indischer Mann und eine halb-afrikanische Frau ausgegrenzt werden. Auch wenn die Grundmechanismen die gleichen sein mögen. Deswegen braucht es auch die Offenheit der Mehrheitsgesellschaft, uns zu hören und zu sehen. Und diese Bereitschaft hat, durch die Ereignisse in den USA und die Berichterstattung, spürbar zugenommen. Wenn ich zurückblicke, erstaunt es mich, wie sich die Gesellschaft langsam aber stetig verändert hat. Der Umgang mit den »Fremden« in dem oberwynentaler Dorf, in dem ich aufgewachsen bin, ist heute um einiges selbstverständlicher und lockerer als zu der Zeit, als ich ein Kind war. Aber er ist noch lange nicht selbstverständlich genug. War dieser Prozess für dich auch eine Befreiung?

ICH: Am Anfang war ich noch weit von einer Befreiung entfernt. Es passierte etwas mit mir, doch ich konnte es nicht erklären. Ich konnte nicht damit umgehen. Ich machte das mit mir alleine aus und habe es keinem gesagt. Dann kam der Tag … Ich war bei meiner Mutter zu Besuch, und sie fragte mich, was die aktuelle Debatte eigentlich bei mir auslöse. Ich brach in Tränen aus. Erst in diesem Moment konnte ich mir eingestehen, dass mich das, was sich in unserem Land gerade abspielte, alles andere als kalt ließ. Und dass es sehr wohl viel mit mir und meiner Geschichte zu tun hat. Ich begriff auch, dass es nicht nur mit meiner, sondern genauso mit der Geschichte meiner weißen Mutter zu tun hat. Ich glaube, es war auch das erste Mal, dass mir bewusst wurde, dass sie sich all diese Gedanken, die ich mir ein Leben lang schon gemacht habe, ebenfalls gemacht hat. Sie ist für sich nur nicht zur selben Erkenntnis gekommen. Sie hat – wie ich bis dahin teilweise auch – Rassismus oft beschönigt, entschuldigt. So hat sie mir bis zum Sommer 2020 regelmäßig gesagt, dass das N-Wort ja früher nie böse gemeint gewesen sei und dass sie selbst es als Kind ja auch noch benutzt habe. Immer wenn sie mir das früher gesagt hat, ärgerte es mich. Denn mit dieser Aussage kann man eigentlich alles entschuldigen. In dieser Aussage steckt so viel drin: vor allem aber, dass man Leute nicht verurteilen soll, wenn sie aus Unwissenheit, Ungebildetheit oder Unüberlegtheit rassistisch sind. So jedenfalls habe ich das empfunden, wenn sie damit kam. Widersprochen habe ich nicht. Doch ich hatte den Eindruck, wenn sie mir so etwas über Jahre, ja Jahrzehnte immer wieder runterbetet, dass sie sich beim Thema Rassismus nicht weiterbewegt. Denn sie kann ja unmöglich glauben, dass ich als Schwarze erwachsene Frau noch nie davon gehört habe, dass früher dieses schreckliche N-Wort noch als was anderes gegolten hatte. Es war im Sommer 2020, dass ich ihr das erste Mal gesagt habe, dass mich das stört. Und zwar, weil ich plötzlich Worte dafür hatte. Sie hat es sofort verstanden und seither nie mehr getan. Im Gegenteil: Dieser Prozess, der mit mir im Sommer 2020 begann, war auch ein Neubeginn für meine Mutter und ihre Auseinandersetzung mit mir, ihrem Schwarzen Kind, und mit Rassismus.

MARTIN: Bei mir ist dieses Bewusstsein, das bei dir plötzlich, ja vielleicht etwas schockhaft eingetreten ist, über Jahre gewachsen. Aber trotzdem stand ich im Sommer 2020 das erste Mal in meinem Leben auf einer Demo auf dem Barfüsserplatz in Basel. 400 bis 500 Leute. Ich war ganz weit hinten, weil ich dachte, ich könnte so wieder flüchten, wenn's mir zu viel wird. Was ich dann aber hörte, hat mich sehr beeindruckt – es waren übrigens sehr, sehr viele weiße Menschen, dazu viele afrikanischstämmige Menschen, auch Tamil*innen und Inder*innen da. Auf der Gefühlsebene war mir rasch klar, dass ich nicht alleine bin. Sehr viele jüngere Leute waren gekommen, aber auch ältere – zum Beispiel deren Eltern. Es wurde zu einem großen Gemeinschaftserlebnis, und auf der Sprachebene, weil ich dort am zentralsten funktioniere, habe ich gemerkt – was die sagen, sind Dinge, die ich unterschreiben kann. Die ich, in anderen Worten, auch schon geschrieben habe. Ich habe gemerkt, dass in vielen Reden eine leichte Verschiebung auszumachen war, die von einem Diskurs herrührte, wie er in Amerika geführt wird. Ich hätte es nicht mit dieser Begrifflichkeit gesagt. Aber es zeigte mir, dass das Verständnis größer war als das Fassungsvermögen unserer deutschen Sprache. Wir hatten ja in der Schweiz nie eine Sprache für diese Erfahrungen. Aber was die Demonstrierenden gesagt haben, war voll und ganz mein Text.

ICH: Was ist das für ein Text?

MARTIN: »Ich bin sichtbar, ich bin gleichberechtigt. Bitte hört auf, euer Problem zu meinem Problem zu machen.« Ich habe mich immer geschämt, im persönlichen Gespräch meine Hautfarbe anzusprechen. Denn ich ging ja davon aus, dass es »mein Problem« sei. Und zuweilen hat man mir auch zu verstehen gegeben, dass es eben mein Problem sei, nämlich meine »Überempfindlichkeit«. Oder dass ich, wie man es volkstümlich sagt, einen »Komplex« hätte. Die Scham, die ich immer spürte, hatten die anderen Demonstrant*innen auf dem Platz überwunden. Sie waren mutiger als ich. Darüber zu schreiben, war einfacher gewesen, weil mir nie jemand direkt widersprochen hat. Bücher zu schreiben und öffentlich die Stimme auf einem Platz zu erheben, ist nicht dasselbe. Als Demonstrant war ich tief beeindruckt, als ich merkte, hier passiert gerade Geschichte.

ICH: Du hast dich offensichtlich schon länger mit deiner Identität als Person of Color auseinandergesetzt. Ich aber habe Rassismus mein ganzes Leben lang verdrängt und ignoriert, genauso wie ich es mit meiner Schwarzen Identität getan habe. Doch dann, im Sommer 2020, ging das plötzlich nicht mehr. Ich prallte mit voller Wucht auf den Boden und landete hart. Es war schmerzhaft. Und ganz bestimmt zu jenem Zeitpunkt noch keine Befreiung.

*»Ich bin in einem Dorf aufgewachsen, in dem meine Mama die einzige Schwarze Frau und damit eine Außenseiterin war. Und ich als ›Mischling‹ war es auch. Meine beste Freundin erzählte in der 2. Klasse mit Stolz, dass ich, ihre Freundin, eine Ausländerin und N*in sei. Dabei hatte ich schon genauso lange im gleichen Dorf gelebt wie sie. Auf dem Spielplatz wurde ständig auf mich gezeigt, als ob ich ansteckend wäre. Noch heute habe ich viele Verwandte, die nicht verstehen, was wohl so schlimm am Wort N* oder N*in ist. Es macht mich immer traurig. Aber ich habe auch nie etwas gesagt. Ich wollte mich immer anpassen.«*

»Ich merke, ich bin schon noch sehr am Anfang und weiß manchmal nicht, wie ich meine Gedanken ordnen soll. Auch bin ich ja nun über vierzig Jahre auf einem Weg gelaufen und habe mich arrangiert. Und nun soll ich mein Verhalten oder meine Gefühle, welche ich unterdrückt habe, zulassen? Manchmal vergesse ich's wieder, aber dann kommt

plötzlich wieder ein Kommentar und ich merke, dass es nun an der Zeit ist, wirklich persönlich Stellung zu beziehen.«

»Heute weiß ich, dass ich damals den Eindruck hatte, dass meine Stimme nicht zählt beziehungsweise sie niemals angehört werden würde, dass es aber ein Verdrängen war. Jetzt war einfach der Punkt gekommen, mich endlich dazu zu äußern.«

»Ich danke Ihnen vielmals, dass Sie beim Reporter *Ihr Schweigen gebrochen haben und die ganze Schweiz erfahren ließen, wie es sich für uns anfühlt, uns in einer scheinheiligen Gesellschaft zu unserem ›Schwarzsein‹ zu bekennen. Ihre Erfahrungen und Empfindungen decken sich größtenteils mit meinen eigenen, seien es die Erfahrungen aus der Kindheit oder die Feststellung diesen Sommer, dass man uns noch heute unsere Empfindungen abspricht.«*

»Meine Hoffnung ist, dass es mit jeder Generation besser wird. Dafür braucht es jede gehörte Stimme. Du sagst es selbst: Schweigen ist keine Option mehr.«

SCHWARZES KIND, WEISSE WELT

»Wir haben unseren Sohn adoptiert, mittlerweile 17 Monate alt. Er ist African American. Eines Tages werde ich ihm Dinge erklären müssen, die ich selber nicht ganz verstehe. Hätte ich lieber ein eigenes Kind? Lieber ein weißes Kind? Nein, er ist perfekt. Mein Ziel ist es, alles dafür zu tun, dass er mit einem starken Selbstvertrauen eines Tages dem Rassismus, mit dem er konfrontiert werden wird, gegenübertreten kann. Ich habe oft gesagt, ich sehe deine Farbe nicht. Aber ich denke, das war falsch. Denn ich sehe deine Farbe, und ich stehe an eurer Seite. Aber ich weiß auch, dass ich noch viel lernen muss diesbezüglich.«

ICH: Meine ersten Erinnerungen ans Anderssein sind die Erinnerungen an Menschen, die meine Haut und meine Haare anfassten. Ich habe Erinnerungen daran, dass man meine Mutter fragte, wo sie denn dieses herzige N*lein herhabe. Ein Mann drückte mir mal einen Fünfliber in die Hand und lobte meine Mutter für ihr großes Herz, weil sie so ein armes Kind aufgenommen habe. Und ich weiß noch genau, wie mir eine wildfremde Frau an einem bitterkalten Wintermorgen ihre Handschuhe schenkte mit dem Kommentar »Jesses, du armes Kind.« Ich hatte meine Handschuhe nur vergessen. Ich begriff schon da, dass mein Aussehen bei vielen Menschen eine Mischung aus Neugier und Mitleid auslöste. Meine ersten Erinnerungen ans Anderssein sind auch Erinnerungen ans Sich-Anpassen. Denn ich spürte früh, dass viele Menschen von mir Dankbarkeit erwarteten. Dankbarkeit dafür, dass sie mich hier aufnahmen und akzeptierten. Ich wurde gelobt, wenn ich mich unterordnete. Das tat ich, so gut ich konnte. Ich konnte es nicht immer gut, weil ich grundsätzlich ein sehr lebhaftes Mädchen war, das viel und laut schwätzte, das gerne schauspielte, sich also eigentlich ganz gerne präsentierte und schon früh verlauten ließ, dass es mal Schauspielerin werden will. Doch gleichzeitig passte dieser Traumberuf nicht zu meinem anderen inneren Wunsch, nämlich dem, nicht aufzufallen, angepasst zu sein. Ich hatte während meiner ganzen Kindheit das Gefühl, mich anpassen zu müssen. Dafür wurde ich belohnt. Indem man von mir sagte, ich sei so nett, spräche die Sprache gut, benähme mich fast wie eine »richtige Schweizerin«. Doch schon als Kind wurde ich den Gedanken nicht los, dass dieses Lob vor allen Dingen ein Eigenlob war. Dass sich die Leute selbst auf die Schulter klopften und zu sich sagten: »Da haben wir ein Beispiel dafür, wie gut wir Schweizer*innen es machen, wie gut wir integrieren können, wie gut man sich hier integrieren kann, wenn man nur will.« Ich wollte mich unbedingt integrieren. Auch wenn ich schon damals nicht verstand, warum ich, die nur diese Sprache spricht und keine andere, die einen Schweizer Pass besitzt und keinen anderen, die immer hier gelebt hat und nie woanders, warum ich mich hier eigentlich noch integrieren muss.

MARTIN: Also warst du eine Art Alibi-Kind für einen guten Umgang mit Menschen anderer Hautfarbe. Meine Mutter hat in heiklen Situationen zu mir gesagt: »Du bist ein Schweizer und nichts anderes.« Mich hat das schon als Kind genervt, weil ich wusste, dass es nicht ganz stimmt. Aber meine Mutter war damals mit meinem Stiefvater zusammen, der wie auch mein leiblicher Vater indischstämmig war und ich sah, dass sie selbst Probleme hatten in der

Gesellschaft. Das merkte ich früh. Obwohl er Arzt war, merkte ich, dass es für die beiden keineswegs einfach war. Ich war eigentlich froh, dass meine Mutter das »Problem«, das sie mit mir hatte, mit dem Satz lösen konnte: »Du bist ein Schweizer und nichts anderes.« Darin steckte auch etwas, das hieß: »Nimm dir das Schweizersein, lass es dir von niemandem ausreden.« Eine Art Widerstand, das gefiel mir als Junge. Irgendwann merkte ich aber, dass es nicht so einfach war. Es kommt auch darauf an, ob man das Schweizersein zugeschrieben erhält, oder ob man ausgelacht wird, wie es mir dann oft in der Jugend passiert ist. Das war sehr verletzend. Aber wir scheinen das ähnlich erlebt zu haben: Immerhin, als kleine Kinder hatten wir es ziemlich einfach. Wir galten beide als »herzig«. Wenn man dann ein bisschen älter wird, ist es vielleicht auch ein Unterschied, ob man eine Frau oder ein Mann ist. Als Mann avanciert man spätestens ab Mitte zwanzig zu einer Bedrohungsfigur. Das habe ich natürlich erlebt. Ältere Frauen, die in meiner Gegenwart ihre Handtasche festhalten, Menschen, die wegschauen, wenn ich sie nach dem Weg frage, Leute, die Angst haben, ich könnte sie um Geld angehen. Selbst wenn ich sie auf Schweizerdeutsch anspreche, hallt die anfängliche Irritation oft nach. Lange Zeit habe ich mein Gegenüber gerne damit entschuldigt, dass ich dachte, die Schweizer*innen sind in ihrem Umgang mit People of Color nicht geübt. Heute sehe ich, dass das eine Selbsttäuschung ist. Der Rassismus ist hierzulande gut eingekocht.

ICH: Meine Mutter hat mir erklärt, warum ich aussehe, wie ich aussehe, als ich es noch gar nicht begreifen konnte. Sie erklärte mir, dass ich einen Schwarzen Vater aus Benin habe, dieser aber in Paris lebe. Von ihm hätte ich die etwas dunklere Hautfarbe. Ich sei eine Mischung aus ihm und ihr, ein »Mischling«[3] also. So war es mir möglich, den Zeitpunkt selber zu wählen, wann ich es an mich heranlassen und verstehen wollte. Das große Problem war aber, dass es die Menschen rund herum nicht begriffen. In ihren Köpfen war es unvorstellbar, dass eine weiße Frau ein leibliches Schwarzes Kind haben kann. Also wurde ich dauernd gefragt, woher ich denn mein Aussehen hätte und wie ich zu dieser weißen Familie gekommen sei. Als ich das erste Mal gefragt wurde, ob ich adoptiert sei, wusste ich nicht einmal, was das ist. Ich hörte die Frage regelmäßig. Und einmal entgegnete mir eine Frau auf meine Verneinung: »Doch, doch, sie werden es dir irgendwann noch sagen.« Von diesem Tag an habe ich meiner Mutter nicht mehr geglaubt, dass sie meine Mutter ist. Um ehrlich zu sein, zweifelte ich danach jahrelang. Ich war alleine mit meinen Gedanken. Denn meine Mutter konnte mir diese Sorge ja nicht nehmen. Sie konnte mir einfach nur immer wieder meine Herkunftsgeschichte erzählen, doch ich habe sie ihr irgendwann nicht mehr geglaubt. Ich bin sicher, dass sie das gespürt hat. Als meine Mutter meinen Stiefvater heiratete, ihren Namen änderte und mit ihm meine beiden Halbgeschwister bekam, die natürlich auch diesen Namen trugen, wollte ich unbedingt meinen Nachnamen ebenfalls ändern. Ich war ja schon die Einzige in der Familie, die anders aussah, da wollte ich nicht auch noch die Einzige sein, die anders hieß. So änderte ich meinen Namen zu Wälchli und bekam bald die nächsten Probleme. Ich wurde dafür ausgelacht, dass eine, die so aussieht wie ich, Wälchli heißt. Das ist mitunter ein Grund, weshalb ich bei meiner eigenen Heirat den Namen meines Mannes annahm und froh war, einen neutralen Namen zu bekommen, der bei den Menschen keine Belustigung mehr auslöst.

MARTIN: Auch ich musste meinen Namen ändern und habe den Namen meines ebenfalls indischstämmigen Stiefvaters angenommen, der sehr viel einfacher ist und »englischer« klingt als der Name meines leiblichen Vaters. Man wollte ja nicht auch noch mit dem Namen auffallen. Aber leider muss ich auch diesen Namen bis heute oft buchstabieren, einfach weil er nicht Meier oder Müller heißt. Aber meine Anpassung verlief auch bewusst über die Kleidung. Ich achtete darauf, entweder gut angezogen zu sein, um nicht mit einem Outcast verwechselt zu werden, oder dann, als Jugendlicher, mich betont rebellisch anzuziehen, wie ein Hippie. Seit »Täschligate«, dem Vorfall, den die US-amerikanische Talkshow-Moderatorin Oprah Winfrey 2013 in Zürich beim Kauf einer Handtasche erlebte, weiß ich, dass es wirklich darauf ankommt, wie man als PoC gekleidet ist. Oprah Winfrey wollte sich in einer Zürcher Nobelboutique eine krokodillederne Handtasche zeigen lassen, was ihr von der Verkäuferin mit dem Hinweis, die sei zu teuer, verweigert wurde. Oprah hatte sich dann tatsächlich gefragt, ob sie deswegen von der Zürcher Verkäuferin abweisend behandelt worden war, weil sie zu locker gekleidet war.

*»Auch ich bin wohlbehütet in einem weißen Umfeld groß geworden, bin von Schweizer Traditionen geprägt worden und war von Anfang an bestens integriert und angepasst. Diesen Sommer musste ich schmerzlich feststellen, dass diese Akzeptanz nur so lange anhält wie man sich eben anpasst und diese immer wiederkehrenden Minitraumas wie zum Beispiel den M*Kopf oder das xte Racial Profiling gegen den Ehemann schweigend hinnimmt. Auch meine Familie hatte Mühe, sich beispielsweise der M*Kopf-Problematik zu stellen. Für meinen Großpapi war das N-Wort etwas völlig Normales und bei aller Liebe niemals böse gemeint. So wie Sie, habe auch ich jahrelang den einfacheren Weg des Schweigens gewählt. Denn die Konfrontationen sind*

schmerzhaft und ermüdend, und es scheint beinahe unvorstellbar, dass uns eines Tages Glauben und unseren Gefühlen Achtung geschenkt wird. Die Tatsache, dass im TV immer noch zu großen Teilen Weiße zum Thema Rassismus befragt werden, oder auch, dass Sie, völlig ungeachtet Ihrer Leistung und Kompetenz, immer noch schändliche Hassnachrichten erhalten, ist ein klares Zeichen, dass das Rassismusproblem in der Schweiz noch lange nicht geklärt und unser Weg noch lang ist.«

ICH: Als ich etwa fünf Jahre alt war, wünschte ich mir zu Weihnachten eine Puppe. Ich hatte eine genaue Vorstellung davon, welche es sein sollte: Die pinkelnde Babypuppe in der Größe eines echten Bébés. Ich hatte sie bereits im Schaufenster gesehen. Die Puppe war weiß und hatte einen kahlen Kopf. An Weihnachten saßen wir alle zusammen unter dem Baum. Ich sah ein großes Paket und war mir sicher, dass dieses Geschenk für mich war, dass ich am Ende dieses schönen Weihnachtsabends meine wunderbare weiße Puppe im Arm halten würde. Ich hatte mir schon ausgemalt, was ich als Erstes mit ihr machen würde: ihr etwas zu trinken geben, danach würde ich sie wickeln – sie konnte ja richtig pinkeln –, und dann, dann würde ich sie in meinen Arm nehmen und mit ihr zusammen einschlafen. Das Paket war tatsächlich für mich. Ich packte es aus in großer Erwartung. In der Schachtel lag eine kohlenrabenschwarze Babypuppe mit schwarzem Kraushaar. Das Gefühl, das ich damals empfand, werde ich nie vergessen. Mir war übel vor Traurigkeit. Als hätte mir jemand das falsche Kind in die Wiege gelegt. Ich betrachtete die schwarze Puppe, und mir kommen heute die Tränen, wenn ich daran denke, wie hässlich ich diese Puppe fand. Ich konnte nichts mit ihr anfangen und war überzeugt, dass sie auch nicht zu mir passte. Was sollte ich denn mit so einer schwarzen Puppe anfangen? Die Puppe, die ich haben wollte, sei ausverkauft, sagte mir meine Mutter, was selbstverständlich kein Trost war. Die weiße Puppe muss in jenem Jahr der Weihnachtshit gewesen sein. Ganz im Gegensatz zur schwarzen Kraushaarpuppe, die noch an Weihnachten ein Ladenhüter war.

MARTIN: Wenn ich an meine Kindheit denke, fällt mir die Sonntagsschule ein. Da mussten wir jeweils Einrappenstücke in eine Kasse werfen, die mit dem Kopf eines stereotypisierten Afrikaners versehen war, man nannte diese Kasse den Nick-N*. Ich war für die Sonntagsschule immer sehr schön angezogen: weißes Hemd, manchmal sogar eine Krawatte, einen Blazer – leicht britisch. Dann kam ich eines Tages aus dieser Sonntagsschule raus, und ein anderer Junge sagte zu mir: »N*, N*!« Er »frotzelte« noch ein paar Sätze lang weiter und machte mich so wütend, dass ich ihm mit der Hand ins Gesicht schlug. Er schlug zurück, wir fingen an, uns zu prügeln. Dann kam meine Mutter und sagte: »Jetzt gehen wir nach Hause.« Auch ich bin also über eine Figur – über eine leblose Figur, die einen Teil von mir abbilden sollte – zur Erkenntnis gekommen, dass ich nicht weiß bin, obwohl ich ja auch nicht schwarz bin. Aber im Dorf sagte man zu jedem und jeder, der oder die nicht weiß war, einfach N*li. Man fiel automatisch auf, sobald man sich in der Öffentlichkeit bewegte. Man wurde mit Blicken verfolgt. Das hat mir als Kind stark zugesetzt. Umso mehr, als ich mit niemandem darüber reden konnte. Solche Dinge waren einfach tabu. Mich erschüttert heute, dass solche Holzfiguren im Dorf auch das Bild prägten, das wir uns von »Afrikaner*innen«[4] machten.

ICH: Dieses N*kässeli, wie es damals genannt wurde, spielte auch in meiner Kindheit eine Rolle. Das Kässeli war dazu da, dass jeder und jede sein oder ihr Gewissen ein Stück weit beruhigen konnte. Man warf ein bisschen Geld rein und hatte dann etwas Gutes getan »für die armen Schwarzen Kinder in Afrika, die Hunger leiden«. Ich habe rasch verstanden, dass Schwarze Kinder in den Augen vieler Menschen eigentlich immer arm sind, unabhängig davon, ob sie das selbst auch so empfinden. Und auch, dass Rassismus in den allermeisten Fällen nicht böse gemeint ist. Die Haltung meiner Mutter zu diesem Thema war klar: Wer offensichtlich rassistisch zu dir ist, den kannst du bedauern, wahrscheinlich hat er irgendein Problem; was nicht offensichtlich rassistisch ist, lässt du am besten links liegen. Lege ja nicht alles auf die Rassismus-Waagschale, das tut dir nicht gut. Ich denke, dass sie wusste, dass es auch ihr nicht gutgetan hätte. Sie sagte stets: »Du kommst besser durchs Leben, wenn du dir gar nicht erst überlegst, ob etwas rassistisch ist oder nicht. Geh einfach nur deinen Weg.« Bis zum Sommer 2020 fand ich diese Strategie eigentlich ganz gut.

Die Geschichte mit der Puppe hat übrigens ein Happy End: Meine Mutter rannte nach Weihnachten durch die ganze Stadt, um die Puppe umzutauschen. Die weiße Puppe gab es aber nirgends mehr. Und so blieb ich auf der Schwarzen sitzen. Nach ein paar Trauertagen sah ich sie an, gab ihr den Namen Nathalie und fing allmählich an, sie zu lieben. Bald hätte ich sie nicht mehr hergegeben. Nathalie lag bis vor wenigen Jahren noch in unserem Keller.

»Ich habe mich gefragt, ob ich dich in der Schulzeit auch wegen deiner Hautfarbe diskriminiert habe. Es wäre mir aber nicht bewusst und für mich persönlich eigentlich auch nie Thema gewesen. Fand dich immer eine tolle, aufgestellte, sportliche und coole Mitturnerin.«

»Deine Reportage hat mich sehr bewegt. Und natürlich hatte ich Freude an den Kinderbildern, weil sie mich an un-

sere Schulzeit erinnert haben. Ich habe lange darüber nachgedacht, wie die Schulzeit für dich war und ob es für mich irgendwie ein Thema war. Ich glaube wirklich nicht. Aber es ist schon verrückt, dass ich mir nicht einfach sicher sein kann. Heute für mich unvorstellbar.«

»Schon spannend, ich habe das während unserer Ausbildung nie als Thema gesehen. Du warst einfach ein bildschönes Mädchen mit wunderschönen Haaren und einem gesunden Selbstvertrauen. Aber ich kann mir schon vorstellen, dass es noch viele andere Aspekte gibt …«

ICH: Martin, welche Erinnerungen hast du an deine Schulzeit? Wurdest du aufgrund deiner Hautfarbe gehänselt?

MARTIN: Ich habe wenig Erinnerungen an Diskriminierungen in der Schulzeit, weil ich den Großteil verdrängt habe. Wenn ich darüber nachdenke, ist es so, dass ich bei konkreten Zurücksetzungen gespürt habe: Das ist wegen der Hautfarbe. Ein Beispiel: Ich bin in Aarau aufgewachsen. Da mussten wir als Kadetten auf einer großen Wiese paradieren. Es war heiß, Sommer. Wir trugen Filzuniformen. Ich habe den Hut auf den Gewehrlauf gesetzt, statt auf den Kopf, und habe den Kasper gemacht. Dann rannte der oberste Instruktor über die ganze Wiese auf mich zu und gab mir eine Ohrfeige, die so stark war, dass es mir fast den Kiefer aushängte.

ICH: Was?

MARTIN: Das ist nur ein Beispiel. Ich war damals überzeugt – weil ich solche Dinge immer wieder erlebt habe –, dass er einen weißen Kadetten weniger heftig oder vielleicht sogar gar nicht geschlagen hätte. Normalerweise habe ich peinlich genau darauf geachtet, dass ich nicht zu viel Unfug machte. Denn ich war überzeugt: Dann komme ich einfach doppelt dran von den Lehrern. Man ließ mich beispielsweise bei der Abschlussprüfung wegen einer Achtelnote durchfallen, auch wenn in den Promotionsrichtlinien stand, dass man aufrunden sollte. Meine Note hat man abgerundet, und der Klassenlehrer sagte dann, er glaube, dass ich mit meinem Hintergrund besser in eine Lehre passe als ans Gymnasium. Wenn ich heute ein Klassenfoto anschaue, bin ich darauf die einzige PoC. Und dann erinnere ich mich, dass ich eine ungeheure Einsamkeit gespürt habe. Eine Einsamkeit, die war wie eine Haut um die Haut. Die trug ich auch dann in mir, wenn ich mit Freund*innen zusammen war. Am meisten fürchtete ich die ersten Reaktionen von neuen Lehrern. Hatten sie sich an mich »gewöhnt«, ließ die Angst nach.

ICH: Ich habe in letzter Zeit oft an meine Schulzeit gedacht. Es gab einen Jungen, der mir auf dem Schulweg immer rassistische Schimpfwörter hinterherrief und mir auch drohte. Ich hatte wahnsinnige Angst vor ihm. Er hatte selbst eine etwas dunklere Hautfarbe. Ich habe mir immer vorgestellt, dass er vielleicht einfach das weitergibt, was er selber erfährt und ertragen muss. Bei den meisten anderen Kindern war meine Hautfarbe selten ein Thema. Jedenfalls nicht direkt. Natürlich rief man mir auch mal etwas Rassistisches zu, zum Beispiel nannte man mich auch M*kopf. Doch da sagte meine Mutter immer nicht ganz zu Unrecht: »Jemand anderem ruft man vielleicht Brillenschlange zu, dem zweiten dumme Kuh und dir sagt man halt etwas, das mit der Hautfarbe zusammenhängt.« Außerdem kann ich mich erinnern, dass mir eigentlich nie jemand die Hand geben wollte. Ich hatte als Kind immer feuchte Hände, also konnte ich das nachvollziehen. Allerdings sagten mir einige andere mit dunklerer Hautfarbe, dass man auch ihnen nie die Hand geben wollte. Meine Erklärung hierfür war, dass wahrscheinlich einfach alle ›Dunklen‹ so schweißige Hände haben wie ich. Ab und zu erzählten mir Kinder, wie ihre Eltern zu Hause über mich sprachen. Diese Eltern würden sich heute in Grund und Boden schämen, wenn sie wüssten, was mir ihre Kinder damals erzählt haben. Einmal hatte ich Streit mit einer Freundin. Später sagte sie mir, dass ihre Eltern sie getröstet hätten, indem sie sagten, ich sei halt einfach anders als weiße Kinder. Weißt du, Martin, ich hatte eine schöne Kindheit. Ich war ein wirklich glückliches Kind. Ich will mich auf keinen Fall beklagen. Doch wenn ich jetzt Jahrzehnte später darüber nachdenke, merke ich einfach, wie prägend meine Kindheit auch in Bezug auf Rassismus war. Es gibt Kinder, die werden wütend, ausfällig, wehren sich mit Händen und Füßen und werden damit noch auffälliger. Und dann gibt es Kinder, wie ich eines war: Für meine negativen Erfahrungen suchte ich Erklärungen, die vordergründig etwas weniger schmerzhaft sind, ich versuchte, mich noch mehr anzupassen und noch mehr unterzuordnen.

MARTIN: Diese Anpassung, von der du erzählst, hätte ich nie leisten können. Vielleicht liegt es tatsächlich daran, dass ich ein Junge und kein Mädchen war. Ohne Genderklischees zu bemühen, war es vielleicht so, dass ich mich als Junge schneller gewehrt habe. Mir fällt auf, dass ich mir ja Winnetou, den Apachenhäuptling, zum Vorbild genommen habe, einen Kämpfer. Trotzdem lebte ich diese Kämpfe mehr in der Phantasie als in der Realität. Da kam es immer wieder zu totalen Ohnmachtssituationen. Ich weiß, dass ich immer Angst hatte, wenn eine Gruppe oder ein Team zusammengestellt wurde, zum Beispiel im Sportunterricht. Meine bange Frage war da immer die, ob ich überhaupt gewählt würde. Bei Sportarten, in denen ich durchschnittlich gut war, blieb ich oft am Schluss noch übrig. Da sagte der Turnlehrer: »Der Martin geht jetzt noch in diese Gruppe.«

ICH: Das Wählen im Sportunterricht fand ich meine ganze Kindheit über etwas vom Schlimmsten und Herabwürdigsten, das es überhaupt gibt. Ich hatte allerdings das große Glück, dass ich im Sport sehr gut war. Man sagte dann, das liege an meinen Genen ...

MARTIN: Im Handball und im Hallenfußball wurde ich mit der Zeit so gut, dass man mich dann relativ früh wählte. Das war ja eine Art von Self Empowerment, Selbstermächtigung. Das hat ja auch etwas Positives. Man hat weniger auf der faulen Haut liegen können, sondern wir mussten uns überlegen, was mache ich, damit ich bestehen kann.

ICH: Was hast du gemacht?

MARTIN: Ich habe gelernt, zu reden. Ich habe meine Gesprächsfähigkeit so weit ausgebildet, dass ich mich verbal wehren konnte. Das war ab dem Gymnasium der Fall. Dann konnte ich so gut reden, dass ich die ganze Klasse mehr oder weniger gegen einen Lehrer mobilisieren konnte. Das ist heute immer noch eine wichtige Form, mich zu wehren. Das gibt mir ein Stück Freiheit. Das Reden ist für mich der nach außen gewandte Umgang mit der Sprache, das Schreiben der nach innen gewandte. Beides hat mir gegen die Herabsetzungen geholfen.

»Mir ist neulich ein Tagebucheintrag meiner Großtochter in die Hände gekommen, den sie geschrieben hat, als sie in der 3. Klasse war. Heute ist sie 13. Sie könnte Ihre Schwester sein, oder Ihre Tochter. Sie schrieb: ›Warum habe ich keine richti-

*gen Freunde! Immer wieder gibt es Streit, mich will keiner.‹ Heute denkt sie, dass es Rassismus war. Heftig weinte sie, als sie von einem Mitschüler eine schwarze Sau-M*e genannte wurde. Ich wollte mich für sie in der Schule beklagen, was sie aber heftig ablehnte. Das Wort N* fand ich gar nicht so diskriminierend. Als ich als kleines Mädchen zur Sonntagskirche ging, sammelten wir für die Basler-Mission, die damals den armen kleinen N*lein Hilfe bringen sollte, um die Armut zu lindern. Ich erzählte meinen Großtöchtern davon, damit sie ein wenig verstanden haben, dass ich als Grosi den Namen auf keinen Fall diskriminierend fand. Wir ›bleichen‹ Schweizer legen uns mit Vorliebe im Sommer an die Sonne, damit unsere Haut schön braun wird.«*

»Als Kinder haben wir in der Sonntagsschule dieses Lied gesungen: ›Jesus liebt die kleinen Kinder, alle Kinder in der Welt. Rot und gelbe, schwarz und weiße, alle sind des Lammes Preis. Jesus liebt die kleinen Kinder in der Welt‹. Leider ist der Mensch ganz weit davon abgekommen – wohl, weil wir noch nicht gemerkt haben, wie schwarz unsere Herzen sind.«

»Es gibt Orte, Lokale und so weiter, die ich meide, weil ich weiß, dass es Reaktionen geben wird. Nicht in Worten, sondern nonverbal. Auch ich war in der Schule im Spiel ›Der schwarze Mann‹. Seit diesem Sommer spreche auch ich offen über den Rassismus, den ich erfahren musste beziehungsweise immer noch muss. Ich unterrichte und erzähle den Studierenden hie und da mal, was ich erfahren habe. Ich finde es wichtig, dass alle darüber sprechen. Dieser Sommer hat in mir vieles verändert, ich akzeptiere den subtilen Rassismus nicht mehr, sondern spreche die Leute an. Es darf nicht mehr sein, dass sich Leute in der Schweiz ›anders‹ fühlen müssen.«

»Wenn unsere Urenkelin vor vierzig Jahren geboren wäre, hätte sie schlank als deine Zwillingsschwester ›durchgehen‹ können. Genügt es, wenn wir ihr viel Zeit und viel Liebe geben, sie stark und sicher machen, so lange wir das noch können? Genügt das deiner Ansicht nach, um das empfindsame und empfindliche Mädchen vor dem wirklichen Leben zu schützen?«

»Ich habe absolut kein Problem mit unseren farbigen Mitmenschen, im Gegenteil, ich rede sehr gerne mit ihnen. Ein schwarzer Mann läuft öfters an unserem Haus vorbei, und wir grüßen uns gerne und wünschen uns einen schönen Tag. Dafür habe ich Mühe mit den Arabern, ich hatte beruflich mit Arabern zu tun, und Sie glauben nicht, die haben echt keine Skrupel für ihren Vorteil ihre Schwester ans Messer zu liefern, das ist denen wirklich so was von egal … Die können einem mit einem zuckersüßen Lächeln voll ins Gesicht lügen. Ich denke, ich bin nicht rassistisch. Ich habe große Probleme mit der Haltung der Menschen, mit der Mentalität. Das ist keine Frage der Hautfarbe. Das ist eine Frage der Anpassung, der Integration und der gesellschaftlichen Stellung.«

Martin R. Dean, 1961

Angélique Beldner, um 1980

Martin R. Dean mit seiner Mutter, 1959

REDEN ODER SCHWEIGEN

*»Ich bin über sechzig Jahre alt, katholisch konservativ aufgewachsen. Wir wurden zu Toleranz, Nächstenliebe und Anstand erzogen, mit M*köpfen verwöhnt und durften mal einen Marschhalt machenden Schwarzen besuchen, seine Hände und Haare berühren. Zu jener Zeit ein für uns total exotisches Erlebnis. Selbstverständlich haben wir auch unseren Batzen in das N*kässeli gelegt und waren überzeugt, damit Gutes zu tun. Das alles mag aus heutiger Sicht sonderbar und rückständig anmuten, wurde aber von uns Kindern (und auch von unseren Eltern) in keiner Art und Weise als rassistisch empfunden, genau so wenig wie die Zigeunerschnitzel, der Kolonialwarenladen, Hamburger, Wienerli, Greyerzer-Käse etc. Später bin ich auf meinem beruflichen Weg viel in der Welt herumgekommen und habe zwei, heute erwachsene asiatische Kinder. Wir erlebten intensiv, wie unsere beiden Kinder hier in der Schweiz von Familie, Freunden und Gesellschaft liebevoll aufgenommen und integriert wurden, oft im Mittelpunkt standen (was sie auch ab und zu ausgenutzt haben) und sich nach kurzer Zeit sehr wohl fühlten. Selbstverständlich wurden und werden auch unsere Kinder manchmal mit rassistischen, meist dümmlichen Äußerungen und Aussagen konfrontiert, wahrscheinlich ähnlich wie Sie. Das nervt. Allerdings müssen wir feststellen, dass solche Leute nicht die Regel, sondern die Ausnahme sind. Zudem machen diese auch deplatzierte Bemerkungen gegenüber Blondinen, Italienern, Griechen, Arabern, Wallisern, Bernern etc.*

Mit Verwunderung stelle ich aber in den letzten Monaten fest, welche Publizität solche Leute durch die Black-Lives-Matter-Bewegung überhaupt erst erhalten (und ich spreche hier von der Schweiz). Ich bin mir nicht immer sicher, ob dies wirklich der Bekämpfung des Rassismus dient oder diesen ab und zu geradezu schürt? Mindestens müsste sich die Anti-Rassismus-Bewegung gut überlegen, ab welchem Punkt das Ganze kontraproduktiv wird. Insgesamt habe ich den Eindruck, dass durch Black Lives Matter etwas aus den USA hierher importiert wird, das in dieser Form hier gar nicht zu Hause ist. Mich stört auch zunehmend, dass die Frage nach der Herkunft rassistisch sein soll. Ich weiß, dass diese Frage vielleicht manchmal nervig sein kann. Doch daran kann ich absolut nichts Rassistisches erkennen. Auch wir wurden während unseren Auslandaufenthalten immer wieder auf unsere Herkunft angesprochen. Der Satz ›Where do you come from?‹ ist der wohl weltweit am häufigsten ausgesprochene. Ich erkenne darin immer das Interesse des Gegenübers an mir, und dies führt oft zu interessanten Gesprächen und menschlichem Austausch.«

»Immer, wenn es zu einem rassistischen Vorfall kommt, soll man sich äußern, vielleicht Gegenmaßnahmen ergreifen; in belanglosen Fällen allerdings kann man auch einfach darüber hinwegsehen. Ich erinnere mich an ein Erlebnis beim Kiosk am Stauffacher in Zürich: Als ich um 18.30 Uhr etwas kaufen wollte, grinste mich die Verkäuferin böse an und ließ den Rollladen auf meinen Kopf niedersausen. Sie wusste nicht mal, dass ich Berner bin. Damals dachte ich: ›Wäre ich schwarz, wäre das für mich Rassismus pur.‹ Dabei war die Verkäuferin nur eine blöde Schachtel. Von Rassismus sprechen soll man nur, wenn hinter einer Frage, Bemerkung oder Tat ein böser Wille steckt.«

MARTIN: Zu den täglichen Belästigungen, denen man als Person of Color ausgesetzt ist, gehört, dass man einem den Weg abschneidet, dass man einen anrempelt, dass man einem hemmungslos ins Gesicht starrt. Es gibt Leute, die mustern einen respektlos von oben bis unten. Sie ziehen ihren Blick auch dann nicht von einem ab, wenn man zurückschaut. Als müssten sie sich mit dem Anstarren von »Fremden« von der eigenen Langeweile erlösen. Menschen, die sich auf diese versteckt-aggressive Art benehmen, ist das oft selber nicht bewusst. Das hängt damit zusammen, dass viele glauben, die Schweiz sei gänzlich frei von rassistischen Traditionen und Verhaltensweisen. Man hat sich anlässlich der aus dem Süden einreisenden Gastarbeiter*innen in den sechziger Jahren mit der eigenen Fremdenfeindlichkeit auseinandersetzen müssen. Man hat hinterher zugeben müssen, dass diese Xenophobie sogar die Politik geleitet hat. Aber Rassismus? »Dieses viel stärkere Ressentiment passt doch gar nicht zur Schweiz, denn eigentlich gab es hier ja nie viele PoC«, so höre ich noch heute einige sagen. Hier aber zeigt sich ein Selbstbild, das das Böse von sich abspaltet und es mythisch verklärt. Genauso wie in Deutschland, das bis heute kein »Einwanderungsland« sein will. Aber wir sollten auch über die positiven Aspekte hierzulande sprechen. Positiv ist, dass es in der Schweiz nur selten zu physischer Gewalt kommt. Positiv ist, dass die emanzipative Bewegung auch hier Fuß gefasst hat und seit dem Sommer 2020 massiven Aufschwung erfuhr. In eine Richtung, die fast etwas Utopisches hat. Eigentlich erlebe ich die Auseinandersetzungen, Berichte und Gespräche über Black Lives Matter als Enttabuisierung. Als ein Akt von Aufklärung. Das Utopische daran ist, dass ich mir nie hätte träumen lassen, dass auch Weiße sich von sich aus zu diesen Themen äußern würden. Doch sie tun es und sollten es weiter tun, weil sie zur Kenntnis nehmen müssen, dass sich ohne die Änderung ihrer Haltung nichts verändern wird. Meine Hoffnung dabei ist, dass das Bewusstsein, das heute für PoC gewonnen wird, nicht mehr rückgängig zu machen ist.

ICH: Unsere Gesellschaft in der Schweiz wird diverser. Dadurch besteht die Gefahr, dass viele Menschen teilweise noch rassistischer werden. Ihre Angst steigt, dass man ihnen etwas wegnehmen könnte. So kommt es mir manchmal vor. Auf der anderen Seite gibt es uns auch die Chance, größere Diversität als eine neue Normalität anzunehmen. Natürlich kenne ich dieses Gefühl auch, von oben herab behandelt zu werden. Ich stehe zum Beispiel an einem Schalter, möchte eine Auskunft, und die Art, wie mein Vis-à-vis mich anschaut oder mit mir spricht, lässt mich spüren, dass ich schon nur alleine aufgrund meiner Hautfarbe von dieser Person für dumm gehalten werde. Das war früher schlimmer, als ich noch jünger und unerfahrener war, aber ich erlebe es als erwachsene Frau immer noch ab und zu. Heute ist es manchmal so, dass mein Gegenüber auf einmal merkt, dass ich ja vom Fernsehen bin. Dann wendet sich die Situation auch mal ins komplette Gegenteil; dann spüre ich plötzlich eine totale Unterwerfung, die mich genauso befremdet.

Ich denke, wir sind grundsätzlich weiter als früher. Aber ich glaube leider auch, dass das, was wir beide früher mehr und heute seltener erleben, ganz viele andere noch immer oft erleben. Wir beide sind nur längst nicht mehr die ganz unten in der Nahrungskette. Ausgrenzungen wird es immer geben. Viele wehren sich nicht, weil sie es nicht können oder nicht wollen, weil ihnen die Energie fehlt oder weil es ihnen aussichtslos erscheint, denn wer sich in seinem Alltag immer und immer wieder von oben herab behandelt fühlt, der fühlt sich mit der Zeit tatsächlich kleiner und wertloser.

MARTIN: Deinen Hinweis, dass es viele gibt, die sich nicht wehren können, finde ich wichtig. Auch wenn jede und jeder ganz eigene Erfahrungen macht, widme ich dieses Gespräch innerlich diesen Menschen. Gestern wartete ich am Fleischstand, während später Gekommene vor mir bedient wurden. Ich meldete mich dann höflich zu Wort. Seit je verursachten mir solche subtilen Demütigungen innere Krämpfe. Wenn mir aber heute jemand begegnet, der mich klein macht, der mich übersieht, dann melde ich mich sofort und habe keinen Krampf mehr und keinen versteiften Nacken.

ICH: Und was geschieht dann, wenn du dich zu Wort meldest? Das stelle ich mir schwierig vor.

MARTIN: Oft merken die Leute gar nicht, dass sie einen verletzen und dass sie rassistisch sind. Einige aber reagieren so, als würden sie ertappt. Man merkt, eigentlich wissen sie genau, was ich meine, und das wissen sie auch wegen dieses Sommers, das wissen sie, weil vieles passiert ist, auch medial. Das Bewusstsein für subtile herabsetzende Verhaltensweisen ist gewachsen. Und das empfinde ich als Chance, ins Gespräch zu kommen und die Verständigung zu suchen. Man kann das mit der weiblichen Emanzipationsfrage vergleichen. Da gibt es ganz viel Männer, die sagen: »Die Frauen sind doch wichtig, wir müssen nichts für ihre Gleichstellung tun, meine Frau sagt sowieso, wo's lang geht zu Hause.« So in dem Stil. Dass sie aber ganz klare, patriarchale Unterdrückungsmechanismen bedienen, das geben sie nicht zu. Man hat oft sehr gute Ausreden und Mechanismen, seine Hände in Unschuld zu waschen: Ich kann nichts dafür, ich weiß von nichts. Damit gibt man dem anderen immer die Aufgabe: Du musst mir das erklären. Ich schaue dann, ob du mich davon überzeugen kannst oder nicht. Das sind kollektive Verhaltensmechanismen.

ICH: Du hast gesagt, es gibt Momente, in denen du dich klein gemacht fühlst. Kannst du das noch etwas genauer beschreiben, wodurch genau wird dieses Gefühl ausgelöst?

MARTIN: Das Gefühl war immer da, wenn ich mein »Unsichtbar-Sein« spürte. Auf der einen Seite sind wir ja sehr auffällig, weil wir oft die einzigen People of Color im Raum sind. Das war früher noch mehr der Fall als heute. Und auf dem Land sowieso. Auf der anderen Seite werden wir abschätzig behandelt oder übersehen. Es gibt viele Situationen, in denen ich merke, es begegnet mir jemand mit Herablassung. Es ist eine Art Verachtung, die sich nicht verbal äußert. Man kann ja mit der Körperhaltung jemandem zeigen, was man von ihm hält. Noch immer verletzend finde ich, wenn ich mit jemandem rede, und er kann mir nicht ins Gesicht schauen. Er wendet sich meiner Partnerin zu oder sein Blick geht an mir vorbei.

ICH: Du sprichst hier etwas an, das enorm schwierig ist, jemandem zu erklären, der das selbst nicht erlebt und nicht kennt. Wir bewegen uns jetzt in einem feinstofflichen Bereich, von dem ich behaupte, wenn du das jemandem erzählst, der das selbst nicht kennt, wird er dir sagen, man könne sich Dinge ja auch einbilden.

MARTIN: Diese Marge, dass man unser Erlebtes als Einbildung abtut, die wurde deutlich kleiner. Früher war die erste Reaktion oft: »Oh, bist du aber empfindlich!« Gute Freund*innen sagten mir beispielsweise, ich solle gewisse Dinge doch einfach nicht so ernst nehmen. Ich sei doch nicht anders als sie. Heute würde ich entgegnen: »Nein, du bist nicht an dem Ort, an dem ich bin, du machst andere Erfahrungen. Wenn wir einen Zug betreten, in ein Restaurant gehen, wenn wir eine Wohnung suchen, dann kann es sein, dass wir ganz unterschiedliche Erfahrungen machen. Als Weiße*r wirst du nicht nach deiner Hautfarbe beurteilt, diese spielt keine Rolle. Man hält dich automatisch für eine*n Schweizer*in. Du verfügst über mehr Recht, dich im öffentlichen Raum aufzuhalten und zu bewegen.«

ICH: Aber es hat ja auch etwas Schönes, wenn dir jemand sagt: »Du bist wie ich.«

MARTIN: Da muss ich widersprechen. Weißt du …

ICH: Doch, das finde ich. Weil das nämlich bedeutet, dass man dich nimmt und akzeptiert, wie du bist. Dass es um dich geht und nicht um deine Hautfarbe. Darum geht es ja eigentlich, wenn dir jemand sagt, du seist einer wie er.

MARTIN: Wenn es heißt: »Du hast die gleichen Rechte wie ich«, dann ist das richtig. Wenn es aber impliziert: »Ich negiere deine Andersartigkeit«, dann muss man sich doch wehren. Wir wollen nicht als »gleich« angeschaut werden, sondern wir wollen in unserer Differenz gesehen werden. Und dennoch gleichberechtigt sein. Ich will nicht, dass man unterschlägt, dass ich halb-indischer Herkunft bin. Wenn die Differenz bei der Anerkennung nicht mit dabei ist, dann habe ich Mühe. Für mich ist es wichtig, dass ich dann protestieren kann. Ich kann schon sagen: »Ich bin wie du.« Aber in welcher Hinsicht? Ich werde nicht überall gleich behandelt wie ein Weißer.

ICH: Du sprichst einen wichtigen Punkt an. Nämlich den, dass viele Menschen immer wieder sagen, die Hautfarbe spiele keine Rolle – sie sähen sie gar nicht. Ich weiß, dass das viele People of Color stört. Dich zum Beispiel stört es, oder? Du willst nicht, dass man uns sagt, man sehe unsere Hautfarbe nicht?

MARTIN: Es gibt hier einen Doppelaspekt: Wenn man sagt, man sehe die Hautfarbe nicht, dann heißt das: »Du bist einer wie ich.« Das ist ja in erster Linie ein Kompliment. Aber ich glaube, es ist ein ambivalentes Kompliment. Mein Wunsch ist, dass man die Unterschiede grundsätzlich sieht, aber dass sie nicht zum Anlass einer Ausgrenzung oder Diskriminierung werden. Als ich vor einigen Jahren angefangen habe, über meine Hautfarbe zu sprechen, hat ein Großteil meiner mir ganz lieben Freund*innen gesagt, ich sei für sie weiß. »Ich habe nie gesehen, dass du nicht weiß bist.« Ich war baff und wusste nicht mehr, was ich sagen sollte.

ICH: Warum denn? Hat dich das verletzt?

MARTIN: Ja und nein. Sie haben mich zwar akzeptiert, aber doch eine wichtige Eigenschaft von mir übersehen. Doch da kann ich ihnen keinen Vorwurf machen, denn es könnte sein, dass sie mein Anderssein aus Höflichkeit verschwiegen haben. Oder es nicht sahen, weil sie es nicht sehen wollten, es also verdrängten. Vielleicht weil ich selbst nie davon gesprochen hatte.

ICH: Ich würde es so interpretieren: Am Anfang sieht man die Hautfarbe und je länger und je besser man jemanden kennt, desto weniger sieht man sie. Weil sie nämlich keine Rolle spielt. So gesehen finde ich es etwas Schönes, wenn man mir sagt, man habe meine Hautfarbe vergessen, man sehe sie nicht mehr. Aber ich sehe schon auch noch einen anderen wichtigen Punkt: Meine Hautfarbe spielt immer dann keine Rolle wenn ich mich anpasse, wenn meine eigene Meinung nicht laut ist, wenn sie der Meinung der Mehrheit entspricht, wenn ich mir nichts zuschulden kommen lasse, wenn ich stets freundlich und zuvorkommend bin – wenn ich mich also so verhalte, wie man es von mir erwartet. Ja, dann sieht man meine Hautfarbe nicht. Doch sobald ich mich zur Wehr setze, wenn ich eine unpopuläre Meinung vertrete, dann bin ich sofort wieder Schwarz und fremd. Oder anders gesagt: Es ist nicht das Gleiche, ob ich falsch parke oder vergesse, mein Busbillett abzustempeln, oder ob das eine weiße Schweizerin tut.

»ich werde trotzdem
afrikanisch
sein
auch wenn ihr
mich gerne
deutsch
haben wollt
und werde trotzdem
deutsch sein
auch wenn euch
meine schwärze nicht paßt.«[5]

May Ayim

ICH: Als ich im Sommer 2020 angefangen habe, über Rassismus zu sprechen, und zwar auch innerhalb der Familie, wo es vorher nie ein Thema war, fragte man mich: »Was hättest du denn gewollt? Dass wir dich verhätschelten, dauernd auf dieser Hautfarbe rumhackten? Wäre dir das lieber gewesen?« Natürlich nicht, aber es ist ein Teil von mir, der ausgeblendet wurde. Ich habe ihn sogar teilweise selbst ausgeblendet, weil wir nie darüber gesprochen haben. Ich empfinde das auch so wie du. Doch das zu erklären, ist schwer. Und noch schlimmer: Es sogar dem Rassismus zuschreiben zu wollen, das geht mir definitiv zu weit. Und zwar deshalb, weil ich dann Menschen verletzen müsste, die mir lieb und wichtig sind.

MARTIN: Aber es ist doch eine falsche Liebe, wenn man sagt: »Du bist weiß.« Es handelt sich um eine Art von »Farbenblindheit«[6], die uns auslöscht. Die unsere Identität übersieht, absichtlich oder unbewusst.

ICH: Vielleicht hast du recht. Aber ich wollte ja immer weiß sein. Oder maximal halb-schwarz, was ich ja auch bin – halb-schwarz oder halb-weiß. Ich wollte nicht, dass meine Hautfarbe eine Rolle spielt. Und jetzt, wo ich auch meine Schwarze Seite akzeptiere, ja, sogar stolz darauf bin, kann ich nicht erwarten, dass mein Umfeld meinen Wandel auf die gleiche Art und im gleichen Tempo vollzieht, wie ich. Für dich, Martin, war die Hautfarbe immer ein großes Thema. Das sehe ich bei deinen Büchern. Auf jedem deiner Buchdeckel steht, dass du auch Wurzeln in Trinidad hast. So etwas hätte ich, sofern es für das Buch nicht relevant ist, nie irgendwo hingeschrieben. Für dich war das offensichtlich wichtig.

MARTIN: Nein, das hat man mir irgendwann so reingesetzt, das war mir nicht einmal bewusst. Mein erstes Buch veröffentlichte ich 1982, da war nichts über meine Herkunft drin. In einer Zeitung hat man zwar vom »südamerikanischen Schweizer« geschrieben. Oder von »einem Einzelfall in der deutschen Literatur«. Ich habe mich gefragt, was damit gemeint ist. Ich habe erst allmählich gewagt, in meinen Büchern meine ganze Identität mitzunehmen. Darauf eingegangen ist die Kritik aber kaum.

ICH: Und das hättest du ganz offensichtlich gerne gehabt. Spielt es denn eine Rolle, ob du ein heller oder ein dunkler Schriftsteller bist, oder spielt es keine Rolle? Du hättest gerne gehabt, dass man in der Kritik darauf eingeht. Trotzdem haben dich die Zuschreibungen genervt, oder sogar verletzt. Und das wohl nicht nur, weil sie teilweise falsch sind …

MARTIN: Es geht nicht darum, dass man darauf hinweist, ob ich weiß bin oder nicht. Aber mir ist aufgefallen, dass in dem Moment, wo ich anfing, in meinen Büchern von meiner ethnischen Herkunft und damit zusammenhängenden Erfahrungen zu erzählen, diese in den Buchkritiken kaum vorkamen. In *Guayanaknoten* wie auch in *Meine Väter* wurden diese Themen angesprochen. Doch die Rezensent*innen haben sich auf andere Aspekte fokussiert. Das ist ein Versäumnis oder sogar eine Farbenblindheit, dass man das nicht sehen konnte oder wollte. Vielleicht war die Zeit dafür in den achtziger Jahren noch nicht gekommen. Ich weiß aber ganz sicher, dass nichtweiße Literaturkritiker*innen das Thema nicht übersehen hätten! Es gibt, wie in jedem anderen gesellschaftlichen Bereich, auch in der Literaturkritik Rassismus. Oft stecken hinter sogenannt objektiven Urteilen eine ganze Menge Vorurteile, auch rassistische, die wiederum den Geschmack wie das Denken des oder der Kritiker*in bestimmen. Ein weites Feld.

ICH: Hat dich das damals verletzt, oder wurde es dir erst später bewusst?

MARTIN: Es verletzte mich nicht. Doch es hat mich darin bestätigt, dass das Thema Hautfarbe in der Schweizer Literatur bis heute ziemlich tabuisiert ist.

ICH: Vielleicht deshalb, weil es einem nicht in den Sinn kommt.

MARTIN: Ja. Aber du kannst in einem Buch von circa vierhundert Seiten nicht achtzig Seiten einfach übersehen. Achtzig Seiten, in denen zum ersten Mal ein Schweizer Schriftsteller über Rassismus schreibt. Das ist doch sehr auffällig. Es geht nicht um mich als Person. Es geht darum, ob man das als Thema annimmt.

ICH: Ich finde, du bist rebellischer als ich. Du hast dich nicht nur schon viel früher mit dem Thema auseinandergesetzt, sondern auch früher angefangen, dich zu wehren. Welche Strategie ist die richtige – reden oder schweigen?

MARTIN: Reden. Ganz klar. Das habe ich, wie du sagst, immer schon gemacht. Weil ich gespürt habe, dass ich mir treu sein muss. Natürlich hat das auch Widerstände und Widerspruch produziert, und es war für mich nicht nur einfach. Doch in dem Moment, wo ich ich selbst sein konnte, bin ich auch stärker geworden.

ICH: Aber so eckst du bestimmt auch immer wieder an. Das stelle ich mir sehr zehrend vor. Ich weiß nicht, ob ich es früher geschafft hätte, mich jemandem entgegenzusetzen, der sich verhält, als wüsste er schon längst alles viel besser. Und solche Menschen gibt es viele.

MARTIN: Einige meiner Vorfahren waren Widerstandskämpfer*innen. Vielleicht liegt mir deshalb das Sich-Einmischen und Sich-zur-Wehr-Setzen! Dir war es wichtig, dass man dich akzeptiert. Mir war es dagegen wichtiger, dass ich gesehen und gehört werde. Aber letztlich liegen die Unterschiede wohl im Temperament. Ich habe Freund*innen,

People of Color, die mir bis vor Kurzem gesagt haben, dass sie nie rassistische Erfahrungen gemacht hätten. Ich mochte ihnen nicht so recht glauben. Aber das Bekenntnis zur eigenen Hautfarbe muss jede*r selber machen, und keine*r darf es erzwingen oder voraussetzen, das wäre ideologisch.

ICH: Du glaubst jenen nicht, die sagen, sie hätten keine rassistischen Erfahrungen gemacht?

MARTIN: Naja ... Ich glaube ihnen, indem ich Fragezeichen setze. Jede*r hat eine andere Art, schmerzliche Dinge zu verdrängen. Ich habe es bei zwei Freunden erlebt im Sommer 2020. Ein indisch-pakistanisch-schweizerischer Freund rief mich an und sagte, er habe mir immer gesagt, dass er überhaupt keine Diskriminierungen erlebt habe. Doch er habe im Lichte von Black Lives Matter darüber nachgedacht und glaube heute, dass er es einfach nicht sehen wollte. Ich lud ihn ein, und wir sprachen lange darüber. Er sagte, er wollte es einfach nicht sehen, und dann gab es das aus seiner Sicht auch nicht. Aber natürlich habe er Diskriminierungen erlebt, sie aber nicht wahrnehmen wollen. Ich glaube, es gibt viele individuelle Wege, mit diesen Erfahrungen umzugehen.

ICH: Vor wenigen Jahren hätte ich ja auch noch anders geredet als heute. Mich hat mal ein Bekannter mit einer Partnerin aus Mexiko gefragt, ob ich denn in der Schweiz Ausgrenzung erlebe. Seine Frau wolle in die Schweiz ziehen und sei sehr besorgt deswegen. Ich antwortete damals, in der Schweiz gebe es kaum Probleme mit Rassismus. Als er mir das im vergangenen Sommer erzählte, erschrak ich über mich selbst. Es ist ja alles eine Frage der Perspektive. So kann ich guten Gewissens sagen: »Hey, du wirst hier nicht das gleiche erleben, wie du es vielleicht aus den USA oder Südafrika kennst. Du wirst nicht um dein Leben fürchten müssen, wirst selten Angst haben vor körperlichen Übergriffen.« Aus einer anderen Perspektive hätte ich ihr aber auch sagen können: »Du wirst hier auf jeden Fall Rassismus erleben, weil du nicht die gleichen Voraussetzungen hast, wie andere. Du wirst es schwerer haben, wirst nicht überall akzeptiert sein. Du wirst dich oft fragen, warum man dich anders behandelt als andere oder warum man manchmal mit dir spricht, als wärst du etwas dümmlich. Du wirst hier das Gefühl haben, immer ein bisschen mehr leisten zu müssen, um an dieselben Ziele zu gelangen.« Das wäre genauso die Wahrheit gewesen, die Wahrheit aus einer anderen Perspektive.

MARTIN: Ich glaube, ich habe das Problem immer schon mehr an mich herangelassen. Doch früher fiel es mir schwerer darüber zu sprechen. Einmal saß ich in einem Flugzeug von Port of Spain in Trinidad nach Zürich. Neben mir saß ein Schwarzer Trinidader. Auf einmal fragte er mich: »In Europa – werde ich dort der Schwarze Mann sein, wie geht man dort mit mir um?« Ich war so gelähmt, dass ich ihm eine ausweichende Antwort gab.

ICH: Ich weiß nicht, ob ich heute da wäre, wo ich bin, wenn ich nicht meine Anpassungsstrategie gehabt hätte. Wenn ich mich dauernd aufgelehnt hätte, wenn ich mich nicht so angepasst hätte, wie ich das Gefühl hatte, dass es von mir erwartet wird. Mein beruflicher Erfolg hat vielleicht sogar mit dieser Anpassung etwas zu tun.

MARTIN: Das glaube ich nicht.

ICH: Wieso nicht?

MARTIN: Ich glaube, dass man stärker ist, als man es sich selber zutraut. Natürlich braucht es einen bestimmten Weg.

Ich glaube aber, dass man nicht so angepasst sein muss, wie du es warst. Denn bei dir ist es ja verblüffend, mit welcher Perfektion du in deinem Leben den Rassismus und das Leben als Schwarze Frau verdrängt hast. Aber zweifellos hattest du alles Recht dazu. Zuletzt darf jeder und jede die Fremdzuschreibung zulassen, die für ihn oder sie stimmig ist. Man nimmt Fremdzuschreibungen umso eher an, je mehr man sich in ihnen wiedererkennt. Man nimmt sie sogar gern an, wenn man sich erkannt fühlt. Aber man weist sie von sich, wenn sie mit dem Bild, das man von sich selber hat, nicht in Einklang zu bringen sind.

ICH: Aber du, bist du nicht verbittert geworden, weil dein Kampf oft vergebens war?

MARTIN: Ich bin nicht verbittert, und der Kampf war auch nicht vergebens. Aber ich habe zuweilen den Preis für meine Aufmüpfigkeit bezahlt, auch mit dem Gefühl der Vergeblichkeit.

ICH: Meine Mutter erzählte mir, dass sie als Lehrerin immer mal wieder mit Eltern zu tun hatte, die sich beklagt hätten, ihr Kind werde rassistisch behandelt. Und zwar auch dann, wenn ihr Kind auf alle anderen losgegangen sei und nicht umgekehrt. Da habe sie sich vorgenommen, mich so zu erziehen, dass ich meine negativen Erfahrungen nicht grundsätzlich Rassismus zuschreibe. Ich habe es dann grundsätzlich *nie* dem Rassismus zugeschrieben. Bei mir hat das krampfhafte Ignorieren des Rassismus dazu geführt, dass ich zwar mit mir selbst im Reinen war, jedoch im Nachhinein betrachtet viele zu leicht davonkommen ließ. Und ich blieb mit meinem Schmerz allein im Regen stehen. Auch wenn ich mittlerweile davon überzeugt bin, dass sich nie etwas ändern würde, wenn alle vom Rassismus Betroffenen nur schweigen, glaube ich immer noch, dass mein Weg nicht nur schlecht war. Ich kenne übrigens mehrere PoC, die gekämpft haben wie verrückt, die daran aber fast zerbrachen. Mehrere sind später ausgewandert. Und zwar nicht, weil es in ihrer neuen Wahlheimat weniger Diskriminierung gäbe, sondern weil sie dort akzeptieren können, dass sie als Fremde angeschaut werden. Weil sie es in der neuen Wahlheimat in einem gewissen Sinne auch sind. Deshalb tue es dort weniger weh, sagen sie. Dazu kommt, dass man den Ort, den man freiwillig gewählt hat, jederzeit wieder verlassen kann. Man kann sich sagen: »Wenn's mir zu bunt wird, gehe ich einfach wieder.« Allerdings würde mich schon interessieren, wie es denen geht, die schon vor vielen, vielen Jahre ausgewandert sind. Ob sie dieses Gefühl immer noch haben. Irgendwann wird ja auch eine Wahlheimat zur Heimat, und dann möchte man bestimmt auch dort nicht nur toleriert, sondern als gleichwertig akzeptiert sein.

MARTIN: Man muss sich mit den Widersprüchen im eigenen Leben versöhnen. Ich habe immer nach einem Land gesucht, in dem ich einfacher hätte leben können. Zuvorderst war es das Land meiner beiden Väter, Trinidad und Tobago. Eine verrückte, lebenslustige Insel, eigentlich fast so etwas wie das Gegenteil der Schweiz. Ethnisch gemischt mit Anteilen eingewanderter Inder*innen, Afrikaner*innen, Chines*innen und Brit*innen. Aber Trinidad ist auch ein Land mit viel Armut und einer ungeheuer hohen Kriminalitätsrate. Als ich in Trinidad scheiterte, weil ich da nicht leben konnte, merkte ich, dass dieses Scheitern zu meinem Leben gehört. Ich bin also in zwei Ländern zu Hause und in keinem ganz. Auf den ersten Blick mag das als Mangel erscheinen. Mit den Jahren merkte ich, dass es eine enorme Bereicherung ist. Nicht, weil man aus beiden Welten das Beste vereinen kann, wie es das Klischee sagt, sondern weil in der Differenz zwischen den »Heimaten« viel Selbsterkenntnis zu gewinnen ist. Man muss also Sühne leisten, sich versöhnen – und diese Selbstbeschränkung kann durchaus bereichernd sein.

»Ich habe Ihre Sendung gesehen und ich bin sehr stolz auf Sie. Über dreißig Jahre lang hatte ich die gleiche Strategie wie Sie: nicht darüber reden. Es war für mich eine Therapie, Ihre Sendung zu schauen. Ich finde es sehr gut, dass Sie auf diesem Weg über Rassismus in der Schweiz gesprochen haben. Es ist ein Thema, das die Schweiz noch viel vertiefter und ernsthafter angehen sollte.«

»Vor einigen Jahren bin ich für mein Studium ins Ausland gegangen, und es war für mich eine Befreiung. In der Schweiz habe ich das Spannungsfeld Rassismus und Anpassung nicht mehr ausgehalten. Es hat mich krank gemacht, mich in meinem ›eigenen‹ Land nicht zu Hause zu fühlen. Ich verstehe vollkommen, dass du dir einige (ich nenne es Überlebensstrategien) über die Jahrzehnte aufrechterhalten hast und es eventuell unterbewusst in gewissen Situationen immer noch tust. Ich bin mittlerweile so weit, dass ich, wenn ich mit Rassismus konfrontiert werde (auf subtile oder offensichtliche Weise), nur noch mit Humor antworte. Und zwar so, dass die Leute nach meiner Antwort den Mund halten. Es darf nicht sein, dass immer ›wir‹ diejenigen sind, die nach einer rassistischen Äußerung perplex zurückgelassen werden und das Gegenüber zufrieden von dannen zieht. Ich sage IMMER etwas.«

»Ich war heute in Grindelwald in einem Bergrestaurant. Mein Freund und ich stehen am Eingang, ziehen unsere Masken an und warten. Ein älteres, wahrscheinlich einheimisches Wanderpaar zieht an uns vorbei, schnappt uns

*den soeben frei gewordenen Platz weg, auf den wir höflich gewartet hatten. Wir beiden Touristen sagen nichts, wollen für keine Aufregung sorgen, nerven uns nur innerlich darüber, dass wir nicht einmal wahrgenommen wurden. Wir entschließen uns, unser Getränk zu bestellen und dann mitzunehmen. Dann höre ich, wie der Mann, der sich eben hingesetzt und schon seine Cola serviert bekommen hat, seine Partnerin anschaut und sagt: ›O ja, so ein N*wässerli.‹ Statt auf den Mund zu sitzen, wie ich es sonst immer getan habe, ging ich hin und habe etwas gesagt. Dass ich es unanständig finde, dass sie sich vorgedrängt haben, dass ich das entschuldigt hätte, doch jetzt, wo er noch so was gesagt hätte, selbst etwas sagen möchte. Nämlich, dass ihr Verhalten daneben und das eben gesagte Wort nicht in Ordnung sei. Die Frau meinte mit einem großen Smile auf dem Gesicht, er habe es ja nicht so gemeint. Und ich sagte, dann sei ja gut. Dann brauche er das jetzt auch nicht mehr so zu nennen. Denn das Getränk sei einfach eine Cola.«*

»In meinen Zwanzigern hatte ich schwere Depressionen. Es wäre falsch und inkorrekt, meine Depressionen äußeren Umständen zuzuschreiben. Aber ich kann mit gutem Gewissen sagen, dass mich viele rassistische Ereignisse jeweils verletzt haben, mich noch für lange unwohl, unwillkommen fühlen ließen.«

*»Ich muss dir eine Beobachtung offenbaren und gestehen: Als ich das erste Mal hörte, dass du das machst, fand ich's natürlich super, cool. Und der zweite Gedanke war: Ui, hoffentlich nehmen das unsere Zuschauer*innen gut auf. Verstehen sie das richtig, oder bist du danach für sie ein rotes Tuch, weil du dich exponierst? Und dann musste ich aber sagen: Das ist doch genau das, was du vierzig Jahre lang gemacht hast. Dieses Kuschen, Unterdrücken und Wegschauen,*

sobald es um rassistische Themen geht, anstatt es einfach auf den Tisch zu legen. Ich habe das im Kleinen jetzt bei mir bemerkt, als Mitmacher von dieser Sendung. Dabei ist genau das die falsche Denkweise. Man soll sich eben genau exponieren. Man soll die Leute damit konfrontieren. Zu merken, dass ich dieses Denken ja auch ein bisschen habe, war erhellend. Letztlich geht es darum, sich ständig selber wieder zu hinterfragen und sich zu fragen, wo man selber rassistische Tendenzen und Bilder verankert hat, wie es gesellschaftlich gegliedert ist. Denn keiner ist ein Anti-Rassist. Man hat es einfach irgendwo in sich selbst drin.«

»Wachgerüttelt hat mich ursprünglich meine Tochter. Ihre leiblichen Eltern lebten in Äthiopien. Dank ihr kam ich seit zwanzig Jahren in einen intensiven Austausch mit Menschen aus diesem Land. Meine Tochter hatte immer einen unkomplizierten und unbeschwerten Umgang mit dem ›Anders-Aussehen‹. Erst vor Kurzem hat sie mir zum ersten Mal erzählt, wie sie sich über gewisse Reaktionen zunehmend zu stören beginnt. Lange hat sie die Frage ›Wo kommst du her?‹ positiv empfunden, so im Sinne von, man zeigt ein positives Interesse ihr gegenüber. Ich glaube ihre Sensitivität für das Thema ist differenzierter geworden. Durch häufige Teamwechsel bei der Arbeit ist ihr dieses ›Stereotyp‹ aufgefallen (›Wo kommst du her, aha, adoptiert … leben deine Eltern noch? etc.‹) und dass dann bereits die dritte Frage nach dem Kennenlernen gerade in so einen privaten Bereich eindringt, hat sie als ›übergriffig‹ zu realisieren begonnen.«

»Ich habe gelernt: Rassismus beleidigt nicht nur und erniedrigt und versucht den Opfern ihre Würde zu nehmen, nein: Rassismus zwingt seine Opfer ganz unauffällig und suggestiv dazu, die Fassung zu bewahren, Großzügigkeit

anzubieten, verständnisvoll zu reagieren. Kurz: zu lächeln. Zu lächeln, wenn man oder frau gerade eine große Portion rassistischer Äußerungen zu hören bekommen hat, das bedeutet für mich: den Schmerz und die Trauer verbergen. Die Wut nicht spüren. Den Protest nicht aussprechen. Den Respekt bei den Täterinnen und Tätern nicht einfordern. Ich habe mich erinnert: fünfzig Jahre zurück, Englischunterricht an einem neusprachlichen Mädchengymnasium, ein Text von Langston Hughes, den uns unsere schon etwas ältere Lehrerin zum Auswendiglernen aufgegeben hatte. Und dessen Aussage und Bekenntnis ich damals als Teenager einfach nicht kapiert hatte:

›Because my mouth
Is wide with laughter
And my throat
Is deep with song,
You do not think
I suffer after
I have held my pain
So long?

Because my mouth
Is wide with laughter
You do not hear
My inner cry?
Because my feet
Are gay with dancing
You do not know
I die?‹[7]

Langston Hughes«

MAMA

»Meine Tochter ist in einer ähnlichen Situation wie Sie. Schon als Baby wurde die herzige Stupsnase gedrückt oder im Sommer die kleinen, niedlichen Füße von Fremden betatscht und geschaukelt. An einem Sommerweekend in der Öffentlichkeit mit x-facher Wiederholung. Die Frage, warum mein Kind so braun sei, gehörte natürlich dazu. Später waren es die Haare, die jeder anfassen musste, und die Bemerkungen von ihren Schulkameraden, sie sei eine Ausländerin. Dies machte sie nicht nur traurig, sondern verwirrte sie. Sie spricht Züridüütsch, und viele ihrer Klasse, obwohl in Zürich geboren, sprachen nur Hochdeutsch mit ihr. Bis sie etwa zehn Jahre alt war, wurde ich regelmäßig gefragt, ›woher‹ ich sie hätte. Meine 16-jährige Tochter ist radikal. Für sie gilt eine Null-Toleranz. Was mache ich mit dem Gedanken, doch nicht immer hinter allem eine böse Absicht vermuten zu wollen? Sie haben mich auf einen Weg mitgenommen und mich durch Ihre Geschichte berührt. Plötzlich kann ich erahnen, warum sich meine Tochter dezidiert als Schwarz und mich als weiß bezeichnet. Nie werde ich wirklich nachempfinden können, was Sie, meine Tochter und so viele andere erfahren müssen. Ist unsere Gesellschaft wirklich so viel weiter? Bin ich selbst bereit? Ganz herzlichen Dank für alles.«

»Du sprichst mir mit jedem Wort aus dem Herzen! Obwohl ich etwas jünger bin, erlebte ich meine Kindheit und mein Erwachsensein genau wie du. Viel zu nett, nie anecken, sich

verletzen und teilweise entwerten lassen. Dank deinem Beitrag kann ich Rassismus nun auch mit meiner weißen Mutter diskutieren, und durch deine Augen erkennt sie meinen Alltag als Schwarze Frau nun besser.«

»Als die ganze Black-Lives-Matter-Debatte aufkam, habe ich versucht, bei mir etwas genauer hinzuschauen. Fast zeitgleich erzählte mir meine Tochter das erste Mal von einer negativen Erfahrung in der Schule betreffend ihre Hautfarbe. Das hat mich zutiefst getroffen. Und ich habe gemerkt, dass ich überfordert bin und gar nicht weiß, was ich ihr nun antworten soll. Und das, obwohl wir das Thema ganz oft besprechen in unserer Familie, ich mir sehr wohl bewusst bin über Rassismus in der Schweiz und meine Tochter ein sehr starkes Bewusstsein hat für ihre optimale Pigmentierung. Bei meinen Antworten an sie versuchte ich, sie zu bestärken, ihr zu versichern, dass sie so ok ist, wie sie ist. Dabei habe ich gemerkt, dass ich gar nicht das Recht habe, so zu tun, als wüsste ich Bescheid und könnte ihr Antworten liefern und Ratschläge geben, wenn ich doch nie in ihren Schuhen stehen werde und kann. Und als ich den Blick etwas genauer auf mich gerichtet habe und merken musste, dass auch ich (sogar ich) rassistische Tendenzen in mir trage, obwohl ich einen dunkelhäutigen Mann habe und wir gemeinsame Kinder haben, hat das sehr geschmerzt. Auch wenn wir unsere Kinder versuchen, zu stärken, zu selbstbewussten Frauen zu erziehen, welche stolz sein können und sollen auf ihre Hautfarbe, so gerate ich doch immer wieder in eine Zwickmühle. Denn ist nicht nur schon der Fakt, dass ich darüber nachdenke, in gewisser Weise rassistisch, weil ich ihre Hautfarbe als etwas betrachte, worüber geredet werden muss? Müssen wir wirklich auch im Jahr 2020 noch darüber reden? Wann ist es einfach ›normal‹? Nicht der Rede wert? Sooo viele Fragen …«

ICH: Als meine Schweizer Mutter mit mir schwanger wurde, war sie 23 Jahre alt. Die Beziehung zu meinem beninischen Vater, der in Paris lebte, war bereits am Bröckeln. Zu groß waren die Steine, die dieser binationalen und bikulturellen Beziehung damals im Weg lagen. Mein Vater hatte seine Ausbildung als Informatiker noch nicht abgeschlossen, eine Aufenthaltsbewilligung bekam zu jener Zeit nur, wer auch eine Stelle hatte. Es war Anfang der siebziger Jahre. Die Schweiz hatte gerade über die Schwarzenbach-Initiative abgestimmt, die den Ausländer*innenanteil auf zehn Prozent begrenzen, die ausländischen Arbeitskräfte wieder zurück in ihre Heimat schicken wollte. Dass mein Vater damals in der Schweiz eine Stelle gefunden hätte, schien unmöglich. Ein Leben in Frankreich konnte sich meine Mutter nicht vorstellen, auch, weil sie sich nicht in eine Abhängigkeit begeben wollte. Denn auch für sie wäre es kaum möglich gewesen, in Frankreich eine Stelle zu finden. Die Folge dieser Erkenntnis war die definitive Trennung. Meine junge Mutter im Jahr 1975, alleine und schwanger mit einem Kind von einem Schwarzen Mann. Fast fünf Monate lang schwieg sie über das heranwachsende Kind in ihrem Bauch. Zu groß war ihre Sorge, man würde ihr das Kind ausreden wollen oder man könnte Pläne für sie schmieden. So schmiedete sie ihren Plan ganz alleine. Einen Plan, wie sie es schaffen wollte, mit mir zusammen durch diese Welt zu kommen. Dass sie schwanger war, schrieb sie ihren Eltern schließlich in einem Brief. Meine Großmutter habe den Brief gelesen, sofort zum Hörer gegriffen und angerufen – nicht meine Mutter, sondern ihre Schwester. Und dann wurden doch noch Pläne für meine Mutter geschmiedet. Denn ihre Schwester, meine Großtante, lebte mit ihrem Mann und ihren vier Kindern im Berner Oberland, in Frutigen. Auf ein Kind mehr käme es nicht an, so meine Großtante, die sofort anbot, sich um mich zu kümmern, wenn meine Mutter nach der Geburt wieder arbeiten gehe. Meine Mutter lebte zu der Zeit ebenfalls in Frutigen und arbeitete im Dorf als Lehrerin. Und so kam es, dass meine Großtante zu meiner Tagesmutter und meiner zweiten Mutter wurde, mein Großonkel zu einem Vater, während meine Mutter weiter als Lehrerin arbeitete. Ich verbrachte meine ersten Lebensjahre wie in einem kleinen behüteten Kokon, behütet durch die große Liebe meiner ganzen Familie.

Auch für meine Mutter sind die Erinnerungen an Frutigen schöne Erinnerungen. Denn die großen Sorgen darüber, ob man uns akzeptieren würde, ob sie ihren Job als alleinstehende Mutter würde behalten können, die Sorge, dass es das Schwarze Kind schwer haben könnte, sie waren größtenteils unbegründet. Man nahm mich auf wie Jim Knopf in Lummerland oder Mowgli im Dschungel. So jedenfalls fühlt es sich an, wenn ich heute an diese Zeit zurückdenke. Natürlich habe man hinter vorgehaltener Hand vielleicht geredet, doch was man nicht wisse, davor müsse man sich auch nicht fürchten, war die Haltung meiner Mutter. Negative Erfahrungen schob sie weg – von mir und auch von sich selbst. Sie mochte sich damit nicht auseinandersetzen und schon gar nicht mit jemandem darüber sprechen. Ich weiß, dass sie wahnsinnig dankbar war, dass all ihre schlimmsten Befürchtungen nie eingetroffen sind. Und deshalb war alles, was ich in meinem Leben später erlebte, für sie eigentlich erträglich. Sie selbst hatte gelernt, dass man, wenn man sein Schicksal annimmt, besser damit zurechtkommt. Für mich hieß das natürlich, dass ich auch meine Erfahrungen annehmen, nicht zu lange an Schlechtem herumgrübeln und mich über das Gute freuen sollte. Als ich plante, für den *Reporter*-Film nach Frutigen zu reisen, hätte mich meine Mutter wohl gerne davon abgehalten. Sie hatte Angst davor, dass wir Dinge erfahren würden, die sie gar nicht wissen will. Dass wir im Dorf vielleicht doch nicht so akzeptiert gewesen waren, wie sie das bis heute glaubt. Doch so war es nicht. Menschen aus unserem damaligen Umfeld erzählten dasselbe wie sie. Nur in Nuancen war es anders. Natürlich habe man über uns geredet, erzählte man mir. Doch nicht aus Fremdenfeindlichkeit: Über das herzige Wuschelköpfchen habe man halt geredet, das jede*r gerne mal in den Arm nehmen wollte. Und natürlich wäre es anders gewesen, wenn mein Vater dagewesen wäre und dann nicht mal Arbeit gefunden hätte. Ja, dann, sagte man mir, hätte man uns nicht so gerne aufgenommen, dann wäre es schon etwas anderes gewesen. In Frutigen habe nie jemand Fragen gestellt, erzählt meine Mutter. Wir beide als starke Gemeinschaft, um uns herum die große, starke Familie. Das veränderte sich, als wir in Bern mit meinem Stiefvater und meinen blonden Halbgeschwistern zu einer neuen Familie wurden – damals war ich sechs Jahre alt. Da habe sie dann oft erklären müssen, wer denn ich sei und wie ich zu dieser Familie gehöre. Ich war auf einmal zur Außenseiterin geworden, ohne dass wir etwas hätten dagegen tun können. Die Gesellschaft hatte mich, ohne dass es ihr bewusst geworden wäre, zur Außenseiterin gemacht.

Ich bin überzeugt, dass meine Mutter gemerkt hat, dass es schwierig für mich war. Ihre Art, mich zu beschützen, war, dass sie nicht darüber geredet hat, und wenn doch, versucht hat, mich zu trösten, indem sie mir sagte, dass die Menschen es nicht böse meinen. Sie meinen es nicht böse, wenn sie mich anders behandeln als andere, sie meinen es nicht böse, wenn sie fragen, ob ich adoptiert sei, sie meinen es auch nicht böse, wenn sie mir erklären, wie es »hier in der Schweiz« läuft.

Bis zum Sommer 2020 lebte auch ich diese Philosophie. Doch dann überschwappte mich die große Welle, und Schweigen, Entschuldigen, Runterschlucken und Akzeptieren waren keine Optionen mehr für mich. Meine Mutter verstand das, doch sie dachte, dass das gezwungenermaßen auch mit Schmerz verbunden sein muss. Sie wollte mich schützen, indem sie mir immer wieder sagte, wir hätten es doch gutgehabt. Ja, Mama, wir haben es gutgehabt. Ich war ein glückliches Kind und bin heute der glücklichste Mensch auf Erden. Ich sehe mich nicht als Opfer, ich bin auch gestärkt aus gewissen negativen Erfahrungen herausgegangen. Und jeder Mensch macht negative Erfahrungen, keine Frage. Doch Mama, heute will ich anfangen darüber zu reden, um mich selbst und auch die Gesellschaft weiter zu bringen. Sie hat es nie gesagt – doch ich habe es gespürt: In diesem Moment fing auch sie an, ihre eigene Haltung zu überdenken. Sie fing an, Bücher und Artikel über Rassismus zu lesen, sie fing an, darüber zu sprechen, sie hörte auf, alles zu entschuldigen. Am Anfang tat sie es für mich, doch irgendwann merkten wir, dass sie es auch für sich selbst tut.

14. OKTOBER, MAMA: *»Danke, dass du mir das Buch vorbeigebracht hast. Ich bin gespannt.«*

20. OKTOBER, ICH: *»K. hat mir noch zwei Texte aus einem anderen Buch geschickt, die mich sehr berührt haben.«*

20. OKTOBER, MAMA: *»Ja, wirklich berührend! Wir werden bestimmt noch viele Gespräche zu diesem Thema führen. Auf jeden Fall werde ich dich auf deinem neuen Weg immer zu verstehen versuchen und dich begleiten.«*

20. OKTOBER, ICH: *»DANKE.«*

21. OKTOBER, DER TAG DER FILMAUSSTRAHLUNG, MAMA: *»Schwieriges Thema, aber trotzdem ein sehr schöner Film! Vor allem ist er nicht nur für dich wichtig, sondern auch für mich und die ganze Familie. Ich hoffe, dass ganz viele Men-*

schen daraus etwas lernen. Ich bin stolz auf dich. Danke für deinen Mut!«

24. OKTOBER, MAMA: *»Wenn ich an den Film denke (was oft der Fall ist), gehen mir immer wieder neue Gedanken durch den Kopf. Ich bin so froh, dass du ihn gemacht hast.«*

25. NOVEMBER, MAMA: *»Ich habe heute mit M. telefoniert. Offenbar wollte sich S. bei dir melden. Der* Reporter *war auch bei ihnen in der Familie ein großes Thema.«*

25. NOVEMBER, ICH: *»S. hat sich schon vor längerer Zeit bei mir gemeldet.«*

25. NOVEMBER, MAMA: *»N. auch?«*

25. NOVEMBER, ICH: *»N. nicht.«*

27. NOVEMBER, MAMA: *»Heute habe ich erstmals seit den Herbstferien Frau P. gesehen. Sie hat mich auf deinen Film angesprochen und wie sehr er sie berührt hat. Sie würde sehr gerne mal mit dir über das Thema sprechen. Und hast du übrigens den Artikel ›Woher kommst du wirklich‹ in der Zeitung gelesen?«*

27. NOVEMBER, ICH: *»Ja, den habe ich gelesen.«*

12. DEZEMBER, MAMA: *»Hast du Zugriff auf das E-Paper der* BZ*? Schau doch mal auf Seite 9. Vielleicht war Frutigen in den Siebzigern doch nicht so hinterwäldlerisch!«*

12. DEZEMBER, ICH: *»Hab's gesehen … Habe dir auch noch etwas zum Lesen geschickt.«*

12. DEZEMBER, MAMA: *»Ui. Wir können hoffen, dass steter Tropfen den Stein doch etwas höhlt. Aber es braucht noch viel Geduld«.*

30, DEZEMBER, ICH: *»Ich schicke dir gleich einen Link zu einem spannenden Rassismus-Artikel.«*

30. DEZEMBER, MAMA: *»Gelesen. Die fürchterlichen Kommentare darunter auch!!!«*

30. DEZEMBER, ICH: *»Ja, man muss echt was einstecken können.«*

Aus *exit RACISM* von Tupoka Ogette

»Nun zu dir, lieber Vater oder liebe Mutter, die du ein Schwarzes Kind hast oder erwartest und dich (noch) nicht auf die rassismuskritische Reise begeben hast.
Hier kommt mein innigster Appell an dich: Fang an! Du als Mutter oder Vater eines Schwarzen Kindes hast so viel mehr zu gewinnen als zu verlieren, wenn du Happyland noch heute verlässt. Dein Kind wird Rassismus erleben. Ob du ihn sehen willst oder nicht. Das ist eine traurige Gewissheit, die ich dir mitgeben muss. Es wird Rassismus erleben und es wird gezwungen sein, eine Strategie zum Umgang damit zu entwickeln. Mit oder ohne dich. Diese Strategie kann selbstzerstörerisch sein und dazu führen, dass dein Kind sich selbst ablehnt und hasst. Es kann sein, dass es versucht, überangepasst zu sein und so ›weiß‹ wie möglich, um Rassismus zu verhindern. Es wird ihm nicht gelingen.

Du hast eine Entscheidung zu treffen: Weghören und in Happyland verweilen und somit Teil des Systems bleiben, *in welchem dein Kind seinen Weg zu sich erkämpfen muss. Oder du trittst heraus aus Happyland. Schaust hin. Sorgst für Schutzräume und Möglichkeiten des Empowerments. Trittst auf als Verbündete*r an der Seite deines Kindes, fängst es auf, wenn Rassismus ihm den Wind aus den Segeln genommen hat. Sagst und zeigst ihm*ihr, dass Rassismus das Problem ist und nicht er*sie.*

*Zugegeben, der erste Weg scheint erst einmal leichter als der zweite. Und einige Zeit lang mag das auch so sein. Auch wenn ich persönlich glaube, dass ignorieren und nicht hinschauen auch sehr anstrengend sein kann. Aber glaube mir: Es geht oft nach hinten los. Denn sobald aus dem Kind ein*e Jugendliche*r oder Erwachsene*r wird, beginnen viele Schwarze Menschen damit, sich mit Rassismus auf intellektuelle Art und Weise zu beschäftigen. Die Wut, die diese Auseinandersetzung mit der eigenen Positionierung und dem eigenen Schwarzsein auslöst, richtet sich dann nicht selten auch gegen die Eltern. Die, die nicht hinschauen wollten. Die es nicht wahrhaben wollten oder die einen nicht geschützt haben, als man es am meisten brauchte.*

*Und du kannst einen wesentlichen Beitrag dazu leisten, dass dein Kind ein gesundes und starkes Selbstbewusstsein und für ihn*sie funktionierende und heilende Strategien im Umgang mit Rassismus entwickelt.*

Und mein Appell geht auch an euch Großeltern, Tanten, Onkel, Cousinen und Cousins. Rassismus zu erleben, kann einsam machen. Vor allem dann, wenn man als einziges Schwarzes Kind in einer weißen Familie aufwächst. Schaut hin, übernehmt Verantwortung und werdet zu einem ›Support System‹, auf das sich eure Kinder, Enkelkinder, Cousinen, Cousins, Nichten, Neffen verlassen können.«[8]

Angélique Beldner mit ihrer Mutter, 1976

DIE FARBE DER WÖRTER

*»Es werden farbige und weiße Menschen durch Rassismus diskriminiert und sogar getötet. Rassismus hat nur bedingt etwas mit der Farbe zu tun. Es wäre auch zu berücksichtigen, dass auch Verhaltensweisen dazu beitragen können. Es kann doch auch Rassismus sein, wenn ein Land überschwemmt wird mit Menschen, die andere Ansichten vertreten und uns ihre Kultur aufdrängen wollen. Sind das dann auch Rassisten? Es könnte ja auch sein, dass alle Europäer und Nachbarn der Schweiz dazu beitragen, dass Rassismus wieder vermehrt verbreitet wird? Oder irren wir uns da? Was genau ist denn Rassismus? Die meisten Schweizer haben immer noch eine Wut im Bauch, weil man den ›M*kopf‹, der seit mehr als hundert Jahren gegessen wird, nicht mehr so nennen darf! Dieser hatte nichts, aber auch gar nichts mit Rassismus zu tun und wird auch in Zukunft nichts damit zu tun haben. Er ist und war immer ein Genuss und wird und wurde nicht gegessen, um Andersfarbige zu diskriminieren oder um zu zeigen, wie wertvoll die weiße Rasse sei! Meine Partnerin hat die Sendung bis zur Diskussion um den ›M*kopf‹ angeschaut, anschließend ging sie schlafen mit den Worten: ›Ich kann das nicht mehr hören!‹ In diesem Sinne gute Besserung.«*

*»Wir sind keine Rassisten, wenn wir ›M*kopf‹ sagen. Die Dinger heißen nun mal so. Ich hatte nie das Gefühl deswegen ein ›Menschfresser‹ zu sein.«*

*»Lange habe ich selber gedacht, dass das mit dem M*kopf ja nicht so schlimm sein kann. Mittlerweile weiß ich, dass nicht ich, als Mitglied der Mehrheitsgesellschaft (männlich, weiß, Deutschschweizer), zu bestimmen habe, was verletzt oder ausgrenzt, sondern dass das die betroffenen Menschengruppen zu sagen haben. Und dass wir ihnen zuhören müssen.«*

*»Für Frau Beldner ist das Wort M*kopf verletzend und löst viel aus, für ihre Großtante ist es einfach eine Bezeichnung, die schon immer da war. Manchmal ist die Lösung auch, etwas auszuhalten, das entgegengesetzt ist.«*

ICH: Ich habe mich ein paar Mal gefragt, ob die ganze Diskussion rund um den M*kopf irgendwie entglitten ist. Ja und nein ... Ja, weil sie so laut geführt wurde, dass sie vom eigentlichen Thema abgelenkt hat. Man hat durch diese Diskussion den Blick für das große Ganze verloren, was schlecht ist. Und nein, weil so viel mehr drinsteckt als die Debatte um ein Wort. Und zwar genau deshalb, weil viele der Meinung sind, es sei ja eben nur ein Wort. Tatsächlich: Ich habe mit diesem Wort nicht schlechter gelebt, als wenn es das Wort nicht gegeben hätte. Ich habe gelernt, damit zu leben. Das Wort war einfach da. Es hat mich oft verletzt, natürlich auch, weil man mir M*kopf als Kind als Schimpfwort nachgerufen hat. Aber schon auch, weil ich dieses schwarze süße Ding irgendwie mit mir und meinem Äußeren in Verbindung bringe. Und das ist nichts Schönes, wirklich nicht. Und doch: Ich habe das Wort akzeptiert. Angefangen, mich zu verletzen, hat es wieder in besagtem Sommer, als ich feststellte, wie vehement die Menschen Angst haben, man würde ihnen etwas wegnehmen. Was nimmt man ihnen denn weg? Warum ist es für sie so wahnsinnig schlimm, wenn sie dafür einfach einen neuen Namen suchen müssen? Weil sie sich angegriffen fühlen, offenbar.

MARTIN: Das ist sicher einer der Gründe. Dazu kommt, dass eine vorsätzliche Veränderung des Sprachgebrauchs von vielen als Angriff auf ihr Selbstbestimmungsrecht verstanden wird. Die Umgangssprache ist tief mit unserer Persönlichkeit verbunden. Sie ist auch Teil unseres Unbewussten. Sie verändern zu wollen, weckt Ängste, denn Sprachlosigkeit ist mit Angst verbunden. Wie du es schon sagst. Menschen können es so empfinden, als würde man ihnen gewisse Wörter »wegnehmen«. Sie haben Verlustangst. Dann gibt es die Höflichen, Zuvorkommenden und Aufgeklärten, die das Wort, das andere verletzt, nicht mehr gebrauchen. Und andere, die bestehen auf einer scheinbaren Naturwüchsigkeit ihrer Sprache, um weiter so reden zu können, wie ihnen der Schnabel gewachsen ist.

ICH: Es ist halt so, dass viele Menschen, die kein Problem haben mit dem Wort, es für massiv übertrieben halten, wenn man es ihnen verbieten will. Sie verstehen es als Angriff auf ihre eigene Kultur, auf ihre Traditionen, die man über viele, viele Jahre hinweg gepflegt hat. Dass man es übertrieben findet, wenn einem die entsprechenden Selbsterfahrungen fehlen, kann ich absolut verstehen. Die Frage ist nur, wessen Argumente mehr zählen – die Argumente derer, die auf ihr Recht pochen, oder die Argumente jener, die sagen, dass sie das Wort verletzt und sie sich, eben weil man an diesem Wort festhalten will, nicht ernst genommen fühlen.

MARTIN: Am Wort M*kopf zeigt sich ein koloniales Denken, gegen das PoC eben auch protestieren. Solche Wörter transportieren ein Bewusstsein in unsere Gegenwart, das sich an der Rassenlehre des 19. Jahrhunderts und selbst noch an der Sklaverei orientiert. Für die Betroffenen haben solche Wörter diese Dimension, für viele Nichtbetroffene sind sie einfach nur Wörter, an die sie sich gewöhnt haben.

Doch ist es zulässig, ja notwendig, Dinge und auch Sprache zu ändern, wenn neue Erkenntnisse oder Diskurse es verlangen. Schließlich ist die Prügelstrafe in den Schulen auch abgeschafft worden, als man sah, dass sie pädagogisch widersinnig ist.

ICH: Das Schmerzhafte für mich ist, dass ich, wenn ich jemandem sage, ich fände das M-Wort problematisch, oft höre, das führe zu weit oder ich sei empfindlich. Doch genau das bin ich doch eben nicht – ich habe ja gelebt mit diesem Begriff, ich habe ihn akzeptiert. Aber wenn wir weiterkommen wollen, müssen wir bereit sein, uns von gewissen Dingen zu lösen. Und ja, dann fängt das eben vielleicht damit an, dass wir einen neuen Namen suchen für eine Süßigkeit, die immer so hieß. Das alleine kann doch nicht der Grund sein, weshalb sie auch weiterhin so heißen muss. Natürlich lösen wir damit nicht sämtliche Rassismusprobleme. Doch es wäre ein kleiner Schritt in einer großen Sache. Und dass so viele zu diesem klitzekleinen Eingeständnis nicht bereit sind, verletzt mich. Doch das gebe ich ungern zu. Denn ich will ja eben nicht kleinlich sein.

MARTIN: Doch, ich finde, du kannst sehr gut sagen, dass das Wort M*kopf dich verletzt. Dieses Recht kannst du dir nehmen und sagen, dass du nicht möchtest, dass es in deiner Gegenwart benutzt wird. Das ist doch nicht zu viel. Das Bewusstsein, auch das eines Kollektivs, kann sich verändern. Nach dem Zweiten Weltkrieg und der Shoah haben sich einige Begriffe wie von selbst verboten. Sprechen heißt auch handeln. Wer auf kolonialistische Begriffe verzichtet, zeigt doch auch, dass er gegen Diskriminierung ist.

ICH: Beim Privatradio, bei dem ich Ende der neunziger Jahre meine journalistische Laufbahn begann, gab es mal eine Werbekampagne. In der Tageszeitung hätte ein Bild von mir erscheinen sollen mit der Aufschrift »Zum Frühstück heiße Schokolade«. Ich weiß noch gut, wie ich mit meinem Versuch gescheitert bin, meinem damaligen Vorgesetzten zu erklären, dass ich diesen Spruch fürchterlich finde. Dass ich mich durch den Spruch herabgesetzt, als Radiomoderatorin nicht ernst genommen fühle. Mein Chef entgegnete mir, ich sei empfindlich, und gab mir den Tipp, man müsse doch auch über sich selbst lachen können. Der Werbeslogan erschien nie. Aber nicht, weil es mir gelungen wäre, meinen Vorgesetzten zu überzeugen, sondern weil ich mutige Arbeitskolleg*innen hatte, die so laut protestierten, dass die ganze Kampagne gestoppt wurde. Nicht nur wegen dieses einen Spruchs, es waren auch andere fragwürdige Sprüche dabei …

Sich für sich selbst zu wehren, ist schwer. Zuzugeben, dass etwas verletzt, ist schwer. Heute kann ich laut sagen, dass dieser Spruch rassistisch und auch sexistisch ist. Doch jemandem Rassismus zu unterstellen, das hätte ich mir früher nicht herausgenommen. Heute kann ich ganz klar sagen: Von dem Moment an, in dem etwas dazu beiträgt, dass wir nicht mehr auf Augenhöhe miteinander kommunizieren, von dem Moment an muss ich es ablehnen.

MARTIN: Das ist eine wunderbare Definition dafür, wie man mit diesem Problem umgehen könnte. Es ist wie bei den frauenfeindlichen Witzen, die man heute auch nicht mehr macht. Auch da kann man sagen: Aha, dieser Witz schlägt mich einer Gattung zu und macht mich minderwertig, nämlich dümmlich. Diesen Witz will ich nicht hören, basta. Das ist auch eine Möglichkeit, damit umzugehen. Als ich Student war und auf das N-Wort zum Beispiel in der Schweizer Literatur stieß, bin ich erschrocken. Damals in den vierziger Jahren hat Max Frisch es noch in seinen

Tagebüchern benutzt. Das N-Wort taucht auch in einem Lieblingsbuch auf, in Christoph Meckels *Licht*. Dort schreibt er »... man stolperte über N* und Treppenstufen und wurde beim Frühstück zum Tanzen fortgeschleppt. Was machten die vielen N* in dem Hotel?«[9] Im Gegensatz zu Frisch, der ganz aus seinem Zeitgeist heraus schrieb und den ich dadurch entschuldige, beschrieb Meckel Ende der siebziger Jahre sehr abfällig eine Szene, in der Schwarze als Drogendealer und Gesindel erscheinen. Mich hat das empört, denn ich kannte den Autor. Aber noch mehr empört hat mich der Umstand, dass die gesamte Literaturkritik daran keinen Anstoß nahm. Da fühlte ich sofort, wie allein ich eigentlich in dieser weißen deutschsprachigen Literatur war. Auch in Friedrich Dürrenmatts *Die Physiker* taucht das N-Wort auf, ohne dass sich jemand kritisch darüber geäußert hätte. Heute frage ich mich als Schriftsteller: In welcher Sprache sollen wir schreiben? Dürfen wir gewisse Begriffe nicht mehr benutzen? Aber können wir eine schöne Prosa schreiben mit Begriffen, die einer soziologischen oder philosophischen Fachsprache entstammen? Und was machen wir, wenn künftige Generationen bei der Lektüre von Frisch und Dürrenmatt getriggert werden? Was sagst du dazu? Soll man alle diese Begriffe a posteriori ersetzen? Ich finde nein, denn damit würden wir einen Teil unserer Vergangenheit auslöschen. Dabei gehört das Erinnern zentral zu unserer westlichen Kultur. Tatsächlich finde ich das Entfernen von nicht korrekten Gemälden aus den Museen wie auch beispielsweise das Löschen von Wörtern in Büchern falsch. Gerade diese Wörter halten das Bewusstsein dafür wach, dass koloniales und rassistisches Denken einmal ganz verbreitet war und dass wir nun dank der Aufklärung dahin gekommen sind, das in ihnen bewahrte Denken zu erkennen und zu kritisieren. Man müsste also mit Hinweisen und Fußnoten arbeiten. Die Ansicht, dass man mit

Sprache die Wirklichkeit verändern kann, muss aber wohl differenziert werden. Ich glaube, man kann mit Sprache die Sichtweise auf die Wirklichkeit verändern. Aber man kann die Welt nicht durch Umbenennung allein vom Unrecht befreien.

»Komisch ist für mich, dass das Wort ›N‹ für mich keinen negativen Touch hat. Wie müsste man denn den Rio Negro nennen? Rio Color? Negro ist in vielen Sprachen synonym für Schwarz. Ich trage mit Vorliebe schwarze Hemden. Ich mag schwarz. Ich mag auch N*.«*

»Es ist natürlich klar, dass die Herren am Stammtisch aus deinem Film wahrscheinlich ganz liebe Männer sind. Doch es ist ein unaufgeklärter Rassismus, den sie an den Tag legen. Auch dir gegenüber. Indem sie finden, das Wort mit N sei legitim. Es geschieht aus einer Unaufgeklärtheit heraus, vielleicht auch aus einer Naivität, aber ich kann mir gut vorstellen, dass es für die Betroffenen eben genauso ausgrenzend, herabstufend und somit schmerzvoll ist.«

»Den ›Schwarzen Mann‹ hatte ich im Kindergarten auch gespielt und ›I bi doch nid di N‹ war damals derart verbreitet, dass selbst meine Brüder und ich als Teenager dies zu Hause zueinander sagten, jedoch mit der klar rassistischen Provokation als selbstironischen Unterton. Ich hatte, wie Sie, eine gut behütete Kindheit, mit Schellen-Ursli, Pitschi, Grimms Märchen und Räbäliechtli-Umzug. Meine Merkwelt war und ist europäisch. Schon in der Schulzeit bin ich immer wieder als ›einä vo de guetä‹ bezeichnet worden. Impliziert natürlich, dass ›die‹ eigentlich ja alle schlecht seien.«*

»Mir war schon sehr früh bewusst, wie schlimm und ungerecht Rassismus ist – in den USA, in Südafrika –, aber es war

auch eine Zeit, in der ›N‹ noch ein neutrales Synonym für einen schwarzen Menschen bedeutete, und in Zollikofen – dort, wo heute ein Emmi-Schild hängt – leuchtete die Aufschrift ›N*li-Käse‹ auf die Bahnpassagiere hinunter, mit der Karikatur eines schwarzen Kindes. Kein Problem! Genauso wenig wie der ›Nick-N*‹ in der Kirche, der Geld sammelte für arme Menschen in Afrika. Der M*kopf war bloß eine Süßspeise und ›Schwarzer Peter‹ ein Kartenspiel … Sie würden noch heute ein ›Café-mélange-Kind‹ genannt, sagten Sie in Ihrem Film. Das möchte ich selber auch nicht gern hören. Allerdings war der Ausdruck ›Café crème‹ damals bei vielen afrikanischen Studienkollegen beliebt, wenn sie von den Kindern gemischtrassiger Ehen sprachen … Ich war selber 21 Jahre lang mit einer Afrikanerin verheiratet. Was sie hasste, war die Frage nach der Herkunft. Ich versuchte ihr zu erklären, das sei doch normal und ein unverfänglicher Einstieg in ein Gespräch. Im Kanton Glarus werde ich heute auch ständig gefragt: ›Sie sprechen Berndeutsch? Woher kommen Sie genau?‹ Klar, irgendwann wird es langweilig, aber die Frage ist praktisch nie abschätzig gemeint. Generell muss ich sagen, dass mir – jedenfalls in der Schweiz, in den USA ist es anders – die Black-Lives-Matter-Bewegung nicht sonderlich gefällt. Einiges geht mir sogar gegen den Strich – zum Beispiel, wenn ich lesen muss, in Ulm werde der Schwarze der drei Heiligen Könige aus der Weihnachtskrippe entfernt. Aus Angst vor Rassismusvorwürfen. Ähnliche Beispiele gäbe es derzeit zuhauf. Da stehen mir die Nasenhaare zu Berge.«*

ICH: Ich habe mir neulich zusammen mit meinem Sohn den Film *Jim Knopf* angeschaut. Der Film hat mich zu Tränen gerührt. Ich persönlich finde, dass es wichtig ist, solche Sachen in einen Kontext zu stellen. Bei Michael Endes Buch ist aus heutiger Sicht problematisch, dass mit vielen stereotypisierten Bildern gearbeitet und auch das N-Wort verwendet wird. So, wie in unzähligen anderen Büchern auch. Doch wir machen unsere Welt nicht besser, wenn wir diese Bücher nun verdammen und nie mehr darüber sprechen. Die Kinder von heute sollen doch lernen, warum gewisse Dinge aus heutiger Sicht nicht mehr korrekt sind. Das geht aber nicht, indem wir sie komplett vernichten. Wir können die Geschichte nicht streichen. Dass Geschichte nicht immer rühmlich ist, liegt in der Natur der Sache. Wichtig ist, dass man das nicht verschweigt. Wir verändern die Welt doch zum Guten, wenn wir darüber reden und thematisieren, warum gewisse Dinge früher möglich waren und heute nicht mehr.

MARTIN: Für mich war *Jim Knopf* ein wichtiges Kinderbuch. Neben Karl May. Natürlich liegt es auf der Hand: Ich konnte mich mit beiden identifizieren. Ohne dass ich das merkte. Ich bekam ein Luftgewehr, das genauso aussehen musste wie das von Winnetou, so eine richtige Büchse. Und ich war mit Jim Knopf unterwegs, weil ich es mochte, dass er auch nicht weiß war. Und Prinzessin Li Si. Hattest du in der Kindheit und Jugend Figuren, an denen du dich orientieren konntest? Ich glaube, dass auch in der Faszination für fremde Kulturen, selbst noch im Exotismus eine Kraft steckt, die Menschen zueinander bringen kann.

ICH: Für mich war *Jim Knopf* so wertvoll wie für dich. Ich bekam das Buch schon sehr früh geschenkt, konnte mich stark damit identifizieren. Und was mir blieb, war: Es spielt am Ende keine Rolle, woher du kommst, sondern du bist dort zu Hause, wo du dich zu Hause fühlst. Eine andere wichtige Identifikationsfigur war Heidi, weil sie den gleichen Wuschelkopf hatte wie ich. Sonst fällt mir keine Figur ein, mit der ich mich identifizieren konnte. Ich weiß aber, dass mir das gefehlt hat.

MARTIN: In unserem Land gibt es kaum Figuren, mit denen sich Menschen wie du und ich identifizieren können. Unsere Umgebung ist weiß, ebenso waren Fernsehen und Werbung lange Zeit weiß. Das hat sich erst in der letzten Zeit geändert. Als ich das erste Mal in Trinidad war, war ich völlig überrumpelt, als ich ein großes Werbeplakat nur mit People of Color sah. In meiner Kindheit aber waren Bücher wie *Winnetou* und *Jim Knopf* die einzige Möglichkeit zur Identifikation.

ICH: Ich war als Kind immer wieder mit Geschichten und Figuren konfrontiert, bei denen ich das Gefühl hatte, die Hübsche, Intelligente sei stets das Mädchen mit den blonden langen Haaren. Also möchte man als Kind am liebsten blonde, lange Haare haben. Das wäre mein großer Wunsch für die Zukunft: Wir müssen anfangen, unsere Kinderbücher anders zu schreiben. Schau dir die heutigen Kindergärten und Schulklassen an. Sie sind komplett divers. Es gibt jede Hautfarbe, jeden kulturellen oder religiösen Hintergrund, alles ist vertreten. Diese Diversität sehen wir aber in den meisten Büchern noch nicht. Das wäre aber wichtig. Und ich spreche noch nicht mal nur von Hautfarbe oder von Migration. Ein Mädchen kann doch auch kurze schwarze Haare haben und braucht deshalb kein wildes Mädchen zu sein.

MARTIN: Das Einzige, was wir machen können, ist darüber zu sprechen. Auch in Büchern und Essays das Thema zur Sprache zu bringen. Vielleicht verändert es das Bewusstsein. Wir können wünschen und hoffen. Nur durch das Sprechen kann sich etwas verändern. Wir haben kein Bestimmungsrecht. Wir sind im Gegensatz zu PoC in anderen Ländern in einer krassen Minderheit. Und wir beide sind in der noch größeren Minderheit, weil wir ethnisch unterschiedliche Elternteile haben. Ich denke, »dazwischen« zu sein ist für Menschen, wie wir es sind, nochmal etwas anderes als für Menschen, deren Elternteile beide gleich sind, beide indischer oder afrikanischer Abstammung.

ICH: Es ist ja glücklicherweise auch schon vieles geschehen. Heute wird der »schwarze Mann« nicht mehr gespielt. Kannst du dir vorstellen, wie ich mich als Kind gefühlt habe, wenn ich den schwarzen Mann geben musste? Wenn jemand fragte: »Was macht ihr, wenn der schwarze Mann kommt?«, danach alle »ausreißen und fliehen« schrien und dann kreischend wegrannten und ich hinterher … Es war für mich das schlimmste Kinderspiel überhaupt. Und ich kann mich an einige Male erinnern, wo das Plenum entschied, ich solle den »schwarzen Mann« spielen, das passe schließlich gut. Das Spiel ist glücklicherweise aus der Zeit gefallen.

»Grundsätzlich bin ich gegen jede Schubladisierung von Menschen, gegen Einteilungen nach Hautfarben. Was mich trotzdem immer wieder irritiert, ist die Tatsache, dass Menschen gemischtrassigen Ursprungs – also beispielsweise mit einem schwarzen und einem weißen Elternteil – nach meinem Gefühl sehr unkorrekt behandelt werden. Dies, indem zum Beispiel Barack Obama unwidersprochen als ›schwarz‹ bezeichnet wird. In meinen Augen ist dieser ja aufgrund seiner Herkunft gleicherweise weiß wie schwarz. So wie auch Sie. Obama wegen seiner noch stärkeren mütterlichen Prägung in der Erziehung vielleicht noch viel weißer als schwarz. Noch irritierender finde ich es, dass die Betroffenen diese Schubladisierung offensichtlich akzeptieren und übernehmen. Worauf ist das zurückzuführen? Ich vermute, dass diese ›Klassifizierung‹ in der tief verankerten, unseligen rassistischen Geschichte Amerikas und ihrer entsprechenden

Gesetzgebung wurzelt (ein einziger Tropfen schwarzes Blut macht ›schwarz‹ – umgekehrt jedoch nicht). In früheren Zeiten gab es sie meines Wissens nicht. Ich versuchte einmal, die Frage mit einigen afroamerikanischen Politikern zu diskutieren, bekam jedoch außer einem Schulterzucken und einigen hilflosen Hinweisen auf die ›halt komplizierten US-Verhältnisse‹ keine brauchbaren Erklärungen. Nebenbei sei bemerkt, dass die Franzosen oder Brasilianer – ja sogar die Südafrikaner zu Zeiten der Apartheid – in ihren Bezeichnungen von ›colored‹ etwas differenzierter und subtiler (korrekter?) sind. Was mich zutiefst stört: dass auch die multikulturelle und vergleichsweise nicht ausgeprägt rassistisch zu bezeichnende Schweiz (meine persönliche Einschätzung) den ›schwarzen Präsidenten‹ oder eine ›schwarze Miss Schweiz‹ mit der größten Selbstverständlichkeit übernimmt und kolportiert, und dass auch das Fernsehen und die übrigen Medienwelt unwidersprochen in diese Falle tappt. Diese Gleichgültigkeit – ist es das? – empfinde ich als zutiefst rassistisch.«

»Für vieles habe ich keine Antwort: Wie bezeichne ich mich? Schwarz? Farbig? Es gibt keinen Begriff, bei dem ich mich einordnen kann oder mich dazugehörig fühle. Darf ich für mich einstehen? Darf ich kritisch sein? Obwohl das dann nicht mehr schweizerisch angepasst ist? Manchmal habe ich Angst, dass sich aufgrund der BLM-Bewegung der Hass plötzlich auf uns richtet und es dann sehr unangenehm werden könnte.«

»Ich habe gesehen, dass gestern noch ein Q&A-Video hochgeladen wurde. Darin reflektieren Sie gewisse Szenen des Films und beantworten ein paar Kommentare. Obwohl das rassistische N-Wort und das rassistische M-Wort, im Gegensatz zum Film, im Q&A nicht ausgesprochen werden,

*werden einige Begriffe reproduziert, die ebenfalls klar dem Konzept des Rassismus beziehungsweise der sogenannten ›Rassenlehre‹/›Rassentheorie‹ entstammen. Dazu gehören zum Beispiel ›Mischling‹, ›Farbige‹, ›Colored‹ und ›halb-Schwarz‹ (beziehungsweise ›Abstufung im Schwarzsein‹). Die Verwendung dieser Begriffe bleibt im Q&A-Video unkommentiert, was meiner Meinung nach sehr problematisch ist. Es existiert ein weit bekanntes, 786-seitiges Standardwerk zu Rassismus in der deutschen Sprache (*Wie Rassismus aus Wörtern spricht*), das von zahlreichen Expert*innen verfasst wurde und viel Beachtung bei antirassistischen Organisationen und rassismuskritischen Autor*innen im deutschsprachigen Raum genießt. Darin wird auch der rassistische Bezug der oben erwähnten Begriffe analysiert und dadurch verdeutlicht, warum eine unkritische Verwendung wie in besagtem Kontext eben problematisch ist. Es ist ermüdend zuzusehen, wie SRF es trotz guter Absichten verpasst hat, hier eine genug große Sensibilität für rassistische Sprache und ihre Reproduktion an den Tag zu legen.«*

ICH: Martin, wie bezeichnest du dich?

MARTIN: Ich kann dir dazu eigentlich gar keine Antwort geben. Ich weiß es nicht. Begriffe wie »Mischling« oder »Bastard« empfand ich schon in meiner Jugendzeit als unangemessen. Heute weiß ich, welche rassistischen Implikationen darin stecken. Bei Karl May hieß es »Halbblut«; ich nahm diesen Begriff in meine Kinderwelt. Heute sträuben sich mir die Haare. Ich habe den Begriff »farbig« eigentlich immer gut gefunden; heute weiß ich, er setzt »weiß« als Norm. Ich lerne laufend dazu, und das heißt, ich begreife heute den wahren Umfang des kolonialistischen Denkens besser als früher. Aber es bleibt bezeichnend, dass es für Menschen wie uns, die im »Dazwischen« leben, keine treffende Bezeichnung gibt. Der Begriff People of Color, respektive PoC ist für uns beide korrekt. Aber er gefällt mir aus zwei Gründen auch nicht ganz: Erstens ist es eine Abkürzung, und Abkürzungen haben etwas Militärisches, und zweitens ist er englisch. Ich bin aber ein Schriftsteller, der deutsch schreibt. Die ganze Sprachfrage ist etwas, das mich sehr interessiert, mich aber bis jetzt unbefriedigt zurücklässt. Die neue Begrifflichkeit, die ja auch wir hier verwenden, funktioniert als eine Art »Eisbrecher«. Ein Eisbrecher, der das rassistische Denken aufbricht. Aber ich bin überzeugt, dass es nicht alle Begriffe in die deutsche und schweizerische Alltagssprache schaffen.

ICH: Mein Blick auf das Ganze fängt als kleines Kind an, als ich für mich eine Definition finden musste, wo ich ja mutterseelenalleine war mit dieser Hautfarbe, also musste ich auch alleine einen Begriff dafür suchen. Dass es das Wort N*li nicht sein kann, habe ich gemerkt, auch ohne dass es mir jemand gesagt hat. Schwarz hat mir überhaupt nicht gepasst, weil ich immer gesagt habe, wenn ihr mich als schwarz bezeichnet, müsst ihr mich auch als weiß bezeichnen. Ich bin beides zu gleichen Teilen. Also bin ich eigentlich ein »Mischling«. Ein schreckliches Wort aus dem Tierreich, das man nicht mehr verwenden sollte. Und trotzdem habe ich mich als Kind lange als »Mischling« bezeichnet, weil es andere auch taten und weil ich natürlich noch kein Wissen über den Hintergrund dieses Wortes hatte. Zudem muss ich sagen, dass ich ja auch nur Wörter benutzen konnte, die ich kannte. Irgendwann fing der Begriff an, mich doch zu stören, weil er mich an einen Hund erinnerte, einen Bastard halt. Dann benutzte ich eine Weile den französischen Begriff »métisse«, der mir noch etwas besser passte, und fast mein ganzes Erwachsenenleben lang habe ich mich dann als »dunkelhäutig«[10] bezeichnet. Im Verlauf der BLM-Debatte hat sich dieses Gefühl für mich erneut verändert. Dunkelhäutig stimmt nicht mehr für mich, weil es mich reduziert auf ein äußerliches Merkmal, auf das ich nicht reduziert werden möchte. Deshalb kam der Tag, ab dem ich mich Schwarz fühlte und als Schwarz bezeichnete. Mit großem S. Klein geschrieben funktioniert es nicht, denn dann bezeichnet es wieder nur die Hautfarbe, und die ist bei mir nun mal nicht schwarz und auch nicht weiß. Als ich anfing, mich mit diesen Fragen auseinanderzusetzen merkte ich, dass ich selbstverständlich nicht die Erste war, die sich diese Gedanken gemacht hat und zum gleichen Schluss gekommen war. Die Selbstbezeichnung »Schwarz«, die ihren Ursprung ja in der US-amerikanischen Bürgerrechtsbewegung hat, hatte sich längst etabliert. Wie auch der Ausdruck People oder Person of Color. Durchgesetzt allerdings haben sich die Begriffe bisher nur begrenzt. Vielleicht genau aus dem Grund, den du nennst: PoC als englische Bezeichnung in unserer deutschen Sprache. People of Color ist ein langer Ausdruck, den man übersetzen und erklären muss, die Abkürzung verstehen viele noch nicht. Ich bin gespannt, ob sich die Mehrheit an diese Begriffe gewöhnen wird, oder ob vielleicht irgendwann noch ein anderer, passenderer Begriff entsteht. Ich selbst fühle mich mit diesen Begriffen heute wohl. Doch ich weiß, dass viele PoC damit nicht glücklich sind. Vielleicht, weil sie zum Beispiel diesen politischen Diskurs gar nicht führen und sich auch nicht in diese Ecke drängen lassen wollen. Das ist zu respektieren, finde ich.

MARTIN: Du hast gesagt, dass du dich selbst als Schwarz bezeichnest und dass für dich der Begriff PoC passend ist. Fühlst du dich mit beiden Elternteilen hinreichend beschrieben? Gibt es nicht auch etwas, das dadurch, dass wir beide verschiedene Elternteile haben, bei diesen Bezeichnungen nicht passt?

ICH: Für mich funktioniert es, weil ich für mich persönlich definieren konnte, dass ich als Person of Color oder als Schwarze Frau Teil bin von etwas. Es drückt ein Gefühl aus, das ich in mir trage. Ich wünschte mir für den Ausdruck Person of Color eine passende deutsche Bezeichnung, doch die gibt es nicht, vielleicht und hoffentlich *noch* nicht. Mir gefällt aber am Begriff, dass er ganz viele Möglichkeiten einschließt. Ich fühle mich als Frau, die einen Schwarzen und einen weißen Teil in sich trägt, eingeschlossen. Das ist meine eigene Definition. Ich höre aus deiner Frage auch die Frage heraus: »Wo bleibt denn bei dieser Bezeichnung der weiße Teil?« Doch für den weißen Teil muss ich nicht kämpfen. Ich muss ihn zwar manchmal rechtfertigen, er wird nicht als selbstverständlich akzeptiert, doch der weiße Teil in mir ist nicht der Teil, für den ich eine Definition benötige. Der weiße Teil in mir erlebt keinen Rassismus.

MARTIN: Grundsätzlich ist PoC für mich ein politischer und soziologischer Begriff. Aber als Selbstbeschreibung muss ich ein bestimmtes Unwohlsein stehen lassen, weil ich beide Teile von mir stark spüre. Ich könnte nicht sagen, der PoC-Teil ist stärker oder der weiße Teil ist stärker. Je nachdem in welcher Situation ich bin, spüre ich mehr den einen oder mehr den anderen Teil.

ICH: Nach meiner Definition schließt der Begriff PoC meine weiße Hälfte mit ein. Ich darf PoC mit zwei Teilen sein.

MARTIN: Wenn dir in einem Gespräch ein freundlich gesinntes Gegenüber auf deine Aussage, du seist Schwarz, sagt, aber du seist doch »mixed race« – schließlich sieht man in einem Gespräch nicht, dass das S groß ist – dann verwendest du eigentlich eine Expert*innen- oder Fachsprache. Meine Frage ist – natürlich auch an mich selbst –, wie weit taugt diese Sprache? Für mich ganz persönlich und auch für mich als Schriftsteller wäre es wichtig, auch einen Begriff für dieses Dazwischen-Sein zu haben. Ich habe früh angefangen, in meinen Büchern PoC vorkommen zu lassen. Und ich stehe jetzt vor dem Problem, dass ich nicht mehr »farbig« schreiben will, auch nicht mehr »dunkelhäutig«, weil es zutiefst rassistische Begriffe sind, und deshalb finde ich es eigentlich auch richtig, dass man sie nicht mehr verwendet. Aber was kann ich stattdessen schreiben? In diesem Zwiespalt, dass ich eigentlich gerne noch mehr PoC in den Romanen hätte, fehlen mir die Begriffe. Auch »mixed raced« oder »mixed ethnical«, das sind allesamt Begriffe, die ich in einem Roman nicht verwenden kann, weil sie entweder nicht dekolonisiert wurden oder nicht passen. Welches sind die Alternativen?

ICH: Genau aus diesen Gründen, die du beschreibst, tut man sich so schwer mit den Begriffen, die mittlerweile als allgemeingültig gelten. Ganz wenige Begriffe sollen nun sämtliche Nuancen abbilden, von dem, was wir aussagen oder erzählen wollen. Wenn man den Begriff Schwarz verwendet, denkt man ja schon in erster Linie an Menschen, die mindestens einen Elternteil aus einem afrikanischen Land haben. Ich nehme deshalb an, dass der Begriff Schwarz für dich nicht passend ist?

MARTIN: Schwarz lässt Erfahrungen außen vor, die ich gemacht habe. Identität macht nicht nur das aus, wie mich die anderen sehen, sondern auch, wie ich mich selber einschätze. Es gibt Freunde, die mich als weiß bezeichnen, und es gibt andere, für die ganz klar ist, dass ich PoC bin. Schwarz suggeriert, dass ich teilweise afrikanisch bin. Ich fände es aber eine Anmaßung, mich mit afrikanischstämmigen Menschen gleichzumachen. Denn wenn wir über Ausgrenzungen sprechen, werden afrikanische Menschen auf jeden Fall anders behandelt als indische. Die Schriftstellerin Mithu Sanyal beschreibt das in ihrem Buch, wo sie sagt, in Deutschland hätten die Inder*innen immer den Touch des Spirituellen, von Yoga und von Veganismus. Das attestiert man Schwarzen Menschen nicht. Ich bin für situative Wahrheit und deshalb passt der Begriff »Schwarz« für mich nicht immer.

ICH: Fakt ist: Früher benutzte man viele Begriffe, die heute als rassistisch gelten. Sie entstammen entweder der Rassentheorie, sind von der Kolonialzeit geprägt und / oder Fremdbezeichnungen. Deshalb sollte man auf diese Begriffe heute grundsätzlich verzichten. Euch Schriftsteller*innen wird vorgeworfen, dass ihr den Rassismus reproduziert, wenn ihr sie nicht aus den Büchern entfernt. Und mir hat man vorgeworfen, ich hätte den Rassismus reproduziert, indem ich rassistische Wörter in meinem Film ausgesprochen habe. Ich habe zum Beispiel gesagt, dass ich früher als N* bezeichnet wurde und dabei das Wort ausgesprochen. Ich würde heute versuchen, sensibler und konsequent nur noch vom N-Wort zu sprechen oder auch vom M*Kopf, wenn es denn überhaupt gesagt werden muss – aus Respekt. Ich sehe schon, dass es in der Literatur komplizierter ist. Ich sehe mich aber als Journalistin in einer wichtigen Rolle. Dort möchte ich so sensibel und korrekt wie möglich mit der Sprache umgehen und nicht so poetisch wie möglich.

MARTIN: Da bin ich mit dir einverstanden. Wir können nicht alleine bestimmen, wie man uns nennt. Ich habe aber als Schriftsteller genügend Gründe, Wörter wie BIPoC[11] und PoC nicht zu benutzen. Wenn ich ein Buch schreibe, will ich mit der Sprache denken können. Einige der neuen

Wörter sind Instant-Begriffe. Eine erzählende Prosa wird immer wieder auf das generische Maskulinum zurückgreifen müssen. Ich bin aber auch sehr gespannt, ob es bald Romane und Gedichte geben wird, in denen das Gendersternchen auftaucht. Alles ist möglich.

ICH: Was hältst du vom Begriff »afrodeszendent«?

MARTIN: Er ist wohl korrekt, aber klingt in meinen Ohren reichlich geschraubt. »Melanie ist afrodeszendent« – würde ich das in einem Roman lesen, wäre meine Aufmerksamkeit zu stark auf ihre Herkunft gerichtet. Wörter, auch wenn sie politisch korrekt sein mögen, verlieren ihre Auffälligkeit durch häufigen Gebrauch. Das hat eine positive und negative Seite. Es bedeutet in jedem Fall, dass wir Sprache auch als Bindemittel innerhalb einer Sprachfamilie sehen müssen, nicht nur als selbstdefinitorisches Medium. Wenn sich Begriffe wie Schwarz oder PoC durchsetzen, dann benutze ich sie. Ok, dann bin ich halt Schwarz, aber bis jede*r das versteht, erlaube ich mir noch, ein wenig zu husten.

ICH: Dann nimmst du aber in Kauf, dass du ein Buch schreibst, dessen Sprache vielleicht in zwei Jahren veraltet ist. Bei dem sich bald alle die Hände verwerfen, weil sie sich sagen, wie rückständig du da noch warst.

MARTIN: Sollte es allein am Gebrauch dieser Begriffe liegen, würde ich es in Kauf nehmen müssen. Vielleicht werden wir in Bälde auch Wörter wie »schwarzsehen«, »schwarzarbeiten«, »schwarzes Schaf«, »Schwarzmarkt« oder »warten, bis man schwarz wird« nicht mehr benutzen wollen. Aber wodurch werden sie ersetzt werden? Durch Umschreibungen, durch funktionale Wörter? Von der Literatur will ich weiterhin glauben, dass sie (sprach-)schöpferisch und eigenwillig genug ist und ihre Aktualität über den Tag hinaus behalten kann.

»Man sollte für den Schwarzfahrer dringend einen neuen Begriff suchen!«

»Viele Erwachsene sagen noch heute ›Hautfarbe‹ für eine bestimmte Farbe. Die heutigen Kinder sind da schon viel weiter. ›Hautfarbe‹ gibt es nicht, und wenn, dann bezeichnet ›hautfarben‹ über ein Dutzend unterschiedliche Farbtöne.«

»Darf man eigentlich noch Schwarzer Peter spielen?«

MIT HAUT UND HAAR

»Ihre Kinderfotos haben mich zum Schmunzeln gebracht. Ich hatte eine ähnliche Frisur. Meine Familie hatte damals keine Ahnung, was man mit solchen Haaren anfangen soll. Deshalb am besten kurz. Meine Großmutter wurde damals, Ende der Siebziger mal gefragt, ob das Kind im Wägeli nur Bananen esse. Je länger ich nachdenke, desto mehr solcher Situationen kommen mir wieder in den Sinn.«

*»Mir fällt Michelle Obama ein, 100 Prozent und weit n*oider. Hat es jedoch toll geschafft, außer in den seltenen Fällen, in denen sie die Haare im Afrolook trug. Meistens trug sie die Haare gestreckt, fallend oder im Chignon und sah perfekt aus. Offenbar kann man auch Krausehaar strecken. Dies nun würde ich unserer Ansagerin empfehlen und nicht zusätzlich noch auf Angela-Davis-Look machen und nicht noch einen draufsetzen. Dann wird man sie auch nicht mehr als ›Schwarze‹ bezeichnen beziehungsweise empfinden.«*

»Haben Sie sich denn vorher nie gefragt, warum Frau Beldner so lange Zeit ihr Haar streng nach hinten binden musste? Ich habe mich schon beim 1. Mal, als ich die Mittagstagesschau gesehen habe, darüber aufgeregt, dass Frau Beldner ihr Haar nicht offen trägt oder eben tragen darf. Die Erklärungen der Chefstylistin dazu finde ich, wenn wir gerade beim Thema sind, an den Haaren herbeigezogen. Ich denke, dass wir alle gefordert sind, wachsam zu bleiben, wenn wir mit Rassismus konfrontiert werden.«

*»Ein Wort zu deiner Tagesschau-Frisur: Ich habe mich damals, bei deinen ersten Auftritten gefragt: Warum ›versteckt‹ sie ihre Haare? Das ist doch nicht Angélique! Ich durfte in den letzten Jahren immer wieder Moderator*innen coachen. Ich habe erfahren, wie groß der Druck von außen ist, wie stark die Bilder sind, die den Gesichtern vor der Kamera aufgedrängt werden. Umso erfreulicher, wenn sich Moderatorinnen wie du aus diesen ›Fängen‹ lösen und ihre Person zeigen.«*

»Ich kann mich noch gut an die Diskussion über deine Haare erinnern. Ich habe meine Meinung gesagt, wurde aber nicht gehört. Dann schwieg ich. Dafür schäme ich mich! Denn ganz egal, ob die Mode so oder so war, deine wundervollen Haare zurückzubinden war gewissermaßen ein Verstecken deiner Identität und somit ein diskriminierender Akt, auch wenn nicht bewusst. Aber genau darum geht es doch; dass wir uns alle diesen bewussten und unterbewussten rassistischen Handlungen stellen, uns hinterfragen und damit ein für alle Mal aufhören. Heute würde ich nicht mehr still bleiben!«

ICH: Es gibt ein Thema, über das ich wirklich nicht gerne spreche: meine Haare. Doch ich tue es jetzt trotzdem, weil ich weiß, dass ich sonst einen wichtigen Teil auslasse. Denn die Auseinandersetzung mit meinen Haaren ist auch immer wieder eine Auseinandersetzung mit meiner Identität.

Als Kind schnitt mir meine Mutter meine Haare immer selbst. Ich denke, dass sie diese Haare einem Coiffeur schlicht nicht zumuten wollte. »Schneiden« bedeutete, dass sie mit der Schere um meinen runden Wuschelkopf herumlief und den großen Wuschelkopf zu einem kleineren Wuschelkopf schnitt. Es erinnerte mich immer ein bisschen an meine Großeltern, wenn diese ihre Schafe schoren. Es war offensichtlich, dass meine Mutter mit meinen Haaren überfordert war. Afrocoiffeure gab es damals bei uns in der Umgebung keine, andere PoC, mit denen sich meine Mutter hätte austauschen können, auch nicht, und es war die Zeit lange vor dem Internet. Als ich zehn Jahre alt war, durfte ich das erste Mal zu einer professionellen Coiffeuse. Sie schlug mir vor, wir könnten meine Haare mit Streckcrème strecken. Ich fand das eine hervorragende Idee. Zum ersten Mal fielen meine Haare schulterlang und ich fühlte mich gleich weißer und angepasster. Ich streckte meine Haare danach etwa 15 Jahre lang, bis zu dem Tag, als sie mir nach einer weiteren Streckaktion brachen. In diesen 15 Jahren meiner Streck-Genügsamkeit ignorierte ich, dass in meiner Umgebung erste kleine Afrohaarsalons entstanden waren. In meiner weißen Welt war kein Platz für Afrohaare. Ich war davon überzeugt, dass eine afrikanische Coiffeuse mit meinen Haaren mindestens genauso überfordert sein würde, wie meine weiße Coiffeuse. Schließlich hatte ich diese Afrokrause, doch mit der Haardichte europäischen Haars. So war und ist es nun mal: Ich bin weder Schwarz noch weiß, weder Fisch noch Vogel. Erst bei meinen ersten Reisen nach Paris, London oder in die USA merkte ich, wie vielfältig auch die Schwarze Haarwelt war. Das Angebot an Haarprodukten, an Frisuren, natürlich auch an Kunsthaaren und Perücken, war auf einmal riesig. Und so schleppte ich aus meinen Ferien immer kiloweise Haarprodukte mit nach Hause: Haarmaske, Conditioner, Haaröl, Afrobürsten und, und, und. Irgendwann fing ich an, lange Afrozöpfe zu tragen und breite Haartücher. Auf meinen Auslandreisen in Länder mit vielen Schwarzen Einwohner*innen fanden meine ersten Begegnungen mit anderen Schwarzen Frauen mit Schwarzen Haaren statt, die sich wiederum mit mir und meinen Haaren auseinandersetzten. Anhand meiner Haargeschichte ist deutlich zu erkennen, wie sachte auch die Annäherung an meine Schwarze Identität vonstatten ging. Der Schwarze Teil in mir war mein ungeliebter, ignorierter Teil, den ich selbst erst schrittchenweise angefangen habe, zu akzeptieren, zu leben und zu lieben.

Meine Haare sind natürlich nicht nur für mich ein Thema, sondern auch für meine Umwelt. Man will sie anfassen, was ich als übergriffig empfinde. Wenn ich sie offen trage, fragt man mich, ob ich sie geschnitten hätte, weil es sie dann stark zusammenzieht. Ich werde gefragt, ob meine Haare überhaupt nass werden können, ich werde gefragt, wie stark man schwitzt unter so einem Wuschel. Für mich sind die Haare etwas sehr Intimes, Privates. Und so weiche ich Haarfragen, wenn ich kann, aus. Doch es gab einen wichtigen Moment, in dem ich nicht ausweichen konnte. Nämlich, als ich angefangen habe, beim Fernsehen zu arbeiten. Noch vor meinem ersten Arbeitstag rief man mich an und fragte mich, welche Fernsehfrisur ich mir denn vorstellen könne. »Mit einem Dutt auf dem Kopf fühle ich mich besonders wohl«, antwortete ich. Als ich dann für meinen ersten Fototermin ins TV-Studio kam und frisiert und geschminkt wurde, hatte die Haar- und Make-up-Artistin ein Bild der Schwarzen US-Sängerin Beyoncé vor sich liegen, auf dem Beyoncé ihr Haar stramm am Kopf entlang nach hinten gestreckt trägt. Ich bin richtig erschrocken, weil diese Frisur so weit weg war von dem, was ich mir vorgestellt hatte. Ich traute mich nicht, etwas zu sagen, aus Respekt denjenigen gegenüber, die sich Gedanken gemacht hatten. Einmal mehr war ich davon überzeugt, dass man es ja nur gut mit mir meint. Dass sie beim Fernsehen wollen, dass meine Haut und meine Haare in der Öffentlichkeit nicht zu einem Thema werden, mir zuliebe. Dass sie wollen, dass meine Haut und meine Haare so wenig wie möglich auffallen. Dass meine Haut und meine Haare so gut wie möglich ins Bild passen. In das Bild unserer immer noch weißen Mehrheitsgesellschaft.

MARTIN: Ich habe dazu keine vergleichbare Erfahrung. Und doch sind die Haare auch ein wichtiger Teil meiner Identität. Ich hatte als Kind die Macke, nachts ein sogenanntes Haarnetz zu tragen. Während etwa einem Jahr schlief ich mit einem Haarnetz, damit die Haare am Morgen gut aufliegen. Dann hörte ich damit auf, weil ich es selbst völlig lächerlich fand. Das hing mit dem Selbstbild zusammen. Wenn ich mich in einem Schaufenster sah und die Haare nicht gut auflagen, war ich irritiert. Ich habe etwas in mir verschoben. Ich habe eine Skepsis mir selber gegenüber, eine Ablehnung eines Teils meiner selbst auf die Haare verschoben. Zehn Jahre später, in der Pubertät, wurden die Haare wiederum wichtig, als ich sie mit Genuss lang wachsen ließ, und zwar schulterlang. Das war für mich eine große Befreiung, weil ich dann nicht mehr wegen meiner Hautfarbe aneckte, sondern wegen der Haare. Wenn die Lehrer auf mir herumhackten, konnte ich sagen, die haben etwas gegen Hippies, die haben etwas gegen Kiffer, und ich konnte verdrängen, dass sie vielleicht etwas gegen PoC haben. Ich habe gemerkt, dass mir die Rolle des Rebellen mit langen Haaren guttat. Das war das erste Rollenspiel, das ich mit mir selbst veranstaltete. Zwei Mal in meinem Leben haben meine Haare also eine zentrale Rolle gespielt.

ICH: Inwieweit war die Hautfarbe ein Thema?

MARTIN: Meiner Hautfarbe war ich mir schon früh bewusst. Ein Familienthema war sie nie, da mein Stiefvater dieselbe Hautfarbe hatte. Natürlich bin ich in der Schule aufgefallen, wurde darauf angesprochen, freundlich und weniger freundlich. Der Stress bestand immer darin, dass ich nicht zu stark in die Sonne wollte. Ich war relativ bleich, sogar gräulich im Winter, aber kaum war ich an der Sonne, wurde ich dunkler. Ich hatte das so verinnerlicht, dass ich das Gefühl hatte, im Winter bin ich weniger »Ausländer« als im Sommer. Dann gab es Bemerkungen – zum Beispiel nach den Sommerferien, wenn einer sagte: »Wow, bist du aber dunkel.« Ich zuckte jedes Mal zusammen, weil ich wusste, dass er so tat, als sei meine weiße Haut gebräunt. Das war sehr unangenehm.

ICH: Ich habe immer möglichst viel von meiner Haut verdeckt im Sommer, weil ich wusste, dass ich ganz schnell kohlenrabenschwarz werde. Was mir dann aber gefiel, war der Unterschied meiner Haut zwischen den Hautstellen, die unbedeckt, und jenen, die bedeckt waren: Wenn man die beiden Stellen direkt verglich, wirkte das Helle viel heller, fast weiß. Das zeigte ich dann oft ganz stolz den Leuten und sagte: »Schaut, wie ich ›eigentlich‹ aussehe – im Winter bin ich fast weiß.«

MARTIN: Ich trug immer Farben, die mich eher heller als dunkler erscheinen ließen. In Trinidad erlebte ich dann die andere Seite. Da sagte man mir: »Wow, bist du hell.« Das hieß für sie, dass ich einer höheren Gesellschaftsschicht entstamme. Das nahm ich lächelnd entgegen und verschwieg, dass ich eine weiße Mutter hatte. Stattdessen sagte ich einfach: »Ja, so bin ich halt.« Ich habe geschwindelt und mich selbst belogen, weil die Wahrheit weh tat.

ICH: Ich hatte immer das Gefühl, in meiner Heimat ein Fremdling zu sein. Als ich mit knapp zwanzig mit Simbabwe das erste Mal ein afrikanisches Land bereiste, erschrak ich, weil ich merkte, dass es mir dort nicht viel anders ging als in der Schweiz. Für die Schweizer*innen war ich schwarz, in Simbabwe betrachtete man mich als weiß. Auch da war ich ein Fremdling. Und dann noch dazu ein nicht besonders attraktiver Fremdling. In der Schweiz spürte ich, dass man meine »Exotik« oft als attraktiv empfand. In Simbabwe nicht. Ich war in den Augen der Schwarzen Bevölkerung dort zwar weiß, aber nicht weiß genug, um als attraktiv zu gelten. Als schön galt meine blonde Freundin. Die Erkenntnis, auch dort nicht dazuzugehören, war einerseits schmerzhaft, weil mir bewusst wurde, dass ich, egal, wo ich bin, immer irgendwo dazwischen bin. Ich bin weder das eine noch das andere, oder ich bin beides, aber eben beides nicht richtig. Das Schöne wiederum war, dass mich in Simbabwe zum ersten Mal in meinem Leben jemand als weiß bezeichnete.

MARTIN: Ich möchte gerne mit dir noch über ein anderes Thema sprechen. Es gibt ja die Meinung, dass weiße Frauen, die Zöpfe tragen, sogenannte ›Cultural Appropriation‹ betreiben, man nennt das ziemlich hässlich »N* fishing girls«. Wie stehst du dazu? Gibt es Kulturgüter, die nur denen zukommen, die sie auch ethnisch in der DNA haben, oder gibt es das nicht?

ICH: Der Vorwurf der sogenannten kulturellen Aneignung kommt ja nicht von ungefähr. Ich verstehe, welche Gedanken dahinterstehen: So geht es etwa darum, dass privilegierte Menschen sich zum Beispiel in der Mode bei fremden Kulturen bedienen und damit Profit machen. Vieles aus Schwarzen Kulturen wurde populär, weil Weiße es in ihre eigene Kultur übertragen und damit Geld verdient haben. Dennoch sehe ich bei den Diskussionen um kulturelle Aneignung auch Probleme. Wo etwa zieht man eigentlich die Grenze? Hätte man Weißen verbieten sollen, Jazz, Blues, Hip-Hop zu machen? Dein Beispiel mit den Dreadlocks ist für mich das extremste – das radikalste. Ich finde das

Thema auch deshalb schwierig, weil es etwas ist, das eine Gesellschaft entzweit. Doch genau das wollen wir ja nicht. Wir wollen etwas zusammenbringen und nicht etwas auseinanderhalten oder sogar noch weiter auseinandertreiben.

MARTIN: Das würde heißen, dass es wohl sinnvoll wäre, darauf hinzuweisen, diese Zusammenhänge zur Sprache zu bringen, aber am Ende dürfte nicht ein Verbot stehen. Mir fällt da die Diskussion um die Schwarze Lyrikerin Amanda Gorman ein. Dabei ging es darum, ob nur eine junge Schwarze Frau das Gedicht, das sie zur Amtseinführung von US-Präsident Joe Biden geschrieben hat, übersetzen darf. Auch wenn diese Geschichte darauf hinweist, wie wenig PoC in der Literatur und im Literaturbetrieb vorkommen, wie sehr sie auch als Übersetzer*innen fehlen, so erscheint mir diese Forderung in letzter Konsequenz unsinnig. Literatur hat ja gerade Empathie zur Voraussetzung. Sinn und Zweck von Literatur ist nicht nur die Identifikation, sondern auch die Verführung zum (vermeintlich) Anderen. Dabei gilt festzuhalten: In der Vergangenheit hat man auf die Erfahrungsgleichheit von Übersetzer*innen zu wenig geachtet. Man hat die Perspektive von PoC zu oft außer Acht gelassen. Deswegen verstehe ich diesen Impuls schon. Aber vielleicht schlägt das Pendel da zu heftig aus. Im Theater stellt sich ja auch immer wieder die Frage, wer wen spielen darf. Ich habe mal eine Performance mit einer Schauspielerin gemacht, die mit ihrer schweizerisch-serbischen Herkunft einen Text von Toni Morrison und anderen Schwarzen Frauen gelesen hat. Das hat bei einigen PoC Empörung ausgelöst.

ICH: Ich kenne das als Schauspielerin natürlich gut. Als Schwarze Schauspielerin in der Schweiz war mir immer bewusst, dass ich für den größten Teil der Rollen schon nur aufgrund meiner Hautfarbe nicht in Frage kam. Oft sind es stereotype Rollen, die man spielen kann; eine Jazzsängerin, eine Bar-Angestellte oder eine Prostituierte. Oder Rollen, bei denen die Hautfarbe tatsächlich aus welchen Gründen auch immer zentral ist. Man wird von Anfang an für viele Rollen einfach ausgeschlossen. Wenn man jetzt sagt, Schwarze Frauen dürfen nur von Schwarzen Frauen gespielt werden, bleiben wir eigentlich da, wo wir sind. Nämlich da, dass weiße Frauen nur von weißen Frauen und Schwarze Frauen nur von Schwarzen Frauen gespielt werden. Ich hätte da zudem noch ein weiteres Problem: Was darf denn ich als Frau spielen, die halb weiß und halb Schwarz ist? Darf ich beides spielen oder keines von beidem, darf ich nur halb-Schwarze Frauen spielen? Solche Konsequenzen muss man sich bewusst sein, wenn man entsprechende Forderungen stellt. Dennoch verstehe ich den Gedanken dahinter. Ich finde es in Ordnung, ja, vielleicht sogar wichtig, dass man solche Fragen aufwirft und diskutiert. Ich finde nur die Antwort darauf nicht ganz eindeutig.

MARTIN: Grundsätzlich ist es ja ein Riesenfortschritt, über solche Dinge diskutieren zu dürfen. Denn das ist eine weitere Enttabuisierung. Ich bin aber eigentlich immer schon für die Vermischung eingetreten. Denn alles andere, auch wenn es gut gemeint ist, läuft wieder auf eine ›Re-Rassifizierung‹ hinaus. Doch die Durchmischung wäre eigentlich die Zukunft.

ICH: Auch wenn ich verstehe, dass manche sagen: Solange Schwarze Schauspieler*innen nur die stereotypisierten Rollenbilder spielen dürfen, dürfen ganz bestimmt keine weißen Schauspieler*innen tragende, wichtige Schwarze Rollen übernehmen. Die Forderung, solche Diskussionen zu führen, finde ich in Ordnung. Man kann dann immer noch so oder anders entscheiden. Wichtig ist doch auch da,

Menschen für gewisse Dinge zu sensibilisieren, die sie sich vielleicht noch gar nie überlegt haben. Mein Wunsch aber ist eigentlich, dass wir uns gegenseitig mehr eingestehen, mehr geben und nicht, dass wir uns gegenseitig Dinge wegnehmen. Ich finde, dass wir grundsätzlich auf einem guten Weg sind. Wenn ich mir die heutigen Filme anschaue, wenn ich ins Theater gehe, merke ich, dass heute vieles selbstverständlich geworden ist, das es vor zehn, zwanzig Jahren garantiert noch nicht war. Das ist doch eine tolle Entwicklung.

MARTIN: Wir stecken momentan in einer Art Flaschenhals. Es bahnt sich etwas Neues an. Und dafür muss erst mal alles auf den Tisch gelegt werden. Ich bin glücklich darüber, dass jetzt Dinge aufgebrochen sind, die Platz machen für etwas Neues. Neben vielem, was jetzt kontrolliert und analysiert wird, wünsche ich mir – auch von den betroffenen Minderheiten – mehr Kreativität. Auch beim Entwurf neuer Begriffe. Es bleibt spannend zu sehen, wohin sich die Dinge entwickeln. In einer Zeit, in der so viele populistische Politiker*innen die Demokratie bedrohen, findet zugleich ein großer Sprung in der Sichtbarmachung von Minderheiten statt. Haben beide Strömungen etwas miteinander zu tun? Das wird sich weisen.

»Welche Hautfarbe haben Ihre Kinder? Ich frage deshalb, weil ich von einer Bekannten gehört habe, dass sie irgendwie erleichtert sei, dass ihr eigenes Kind nicht mehr so dunkel ist wie sie selbst (meine Bekannte ist eine PoC). Manchmal wünsche ich mir, dass, wenn ich mal Kinder habe, diese dunkel sind wie ich und dass sie dann ganz stolz sind auf ihre Hautfarbe. Und manchmal denke ich, dass es besser wäre, doch lieber Kinder mit einer hellen Haut zu haben, damit sie nicht auffallen. Nur schon diese Überlegungen, finde ich, tun doch im Herzen weh.«

ICH: Ich habe mich schon als Jugendliche gefragt, wie es wohl sein könnte, wenn ich selber Kinder habe. Was sie für eine Hautfarbe haben könnten. Etwa mit zwanzig lernte ich eine Familie kennen mit einem weißen, blonden Vater und einer Mutter, die etwa meine Hautfarbe hatte. Ihre gemeinsamen. Kinder waren relativ hell und hatten hellbraune Locken. Ich stellte mir vor, dass meine Kinder vielleicht mal so oder ähnlich aussehen könnten. Diese Vorstellung gefiel mir. Die Vorstellung, Kinder zu haben, die nicht mehr ganz so dunkel sind wie ich.

Meine beiden Kinder sind tatsächlich beide relativ hell. Sie werden zwar oft gefragt, ob sie gerade im Süden in den Ferien gewesen seien, doch mehr Gedanken macht man sich nicht zu ihrer Hautfarbe. Hätte ich mir aussuchen können, ob meine Kinder heller sein sollten und man aber dafür meine Mutterschaft in Frage stellen würde, weil ich ja dunkler bin als sie, oder ob meine Mutterschaft offensichtlich und von keinem angezweifelt sein soll und meine Kinder dafür meine dunklere Hautfarbe teilen würden, hätte ich mich für das Erste entschieden. Ich hätte in Kauf genommen, allen erklären zu müssen, dass meine Kinder wirklich meine leiblichen Kinder sind, auch wenn sie nicht meine Haut geerbt haben. Und das, obwohl ich ja genau weiß, wie schmerzhaft es für Mutter und Kind ist, wenn die Menschen einem die Verwandtschaft nicht ohne Weiteres abnehmen. Doch ich weiß, dass sie es so leichter haben werden. Allerdings darf ich sagen, dass die Gesellschaft insofern weiter ist, als heute niemand mehr daran zweifelt, dass meine Kinder auch meine Kinder sind. Heutzutage akzeptieren die Leute die Vorstellung, dass Mutter und Kinder nicht die gleiche Hautfarbe haben müssen, in meiner Kindheit ging das nicht.

MARTIN: Meine Tochter ist relativ hell, und ich bin auch froh, dass sie nicht dunkler ist.

ICH: Ich finde es fürchterlich, dass wir so denken.

MARTIN: In den Sechzigern sang man in Trinidad selbstironisch Jim Crows Song: »If you is white, you's alright, if you's brown, stick around, but if you's black, get back«. Dieser scheußliche Reim hallt noch immer in mir nach, selbst wenn sich heute vieles zum Besseren verändert hat. Wann hast du denn eigentlich angefangen, mit jemandem über deine Hautfarbe zu reden?

ICH: Ich habe lange, lange kaum mit jemandem über meine Hautfarbe gesprochen. Vielleicht mal mit meiner Mutter oder meiner Großmutter, im Sinne von: »Du bist wie du bist und das ist gut so.« In meinen Jugendjahren kamen erstmals andere PoC in mein Leben. Wenn wir über die Hautfarbe sprachen, war es eigentlich immer auf ihre Initiative hin. Sie erzählten mir dann manchmal von ihren negativen Erfahrungen, die sie im Alltag erlebten. Ich weiß, dass ich damals die gleiche Haltung hatte, wie ich sie ja auch immer wieder von anderen spürte. Nämlich die Haltung: »Man sieht, was man sehen will.« Ich war lange davon überzeugt, dass, wenn man erlebtem Rassismus Raum lässt, alles noch viel schlimmer wird. Ich wollte stets das Positive sehen. Doch an Rassismus gibt es nichts Positives.

MARTIN: Ich bin in Aarau in die Bezirksschule gegangen. Es gab einen Schüler in meiner Parallelklasse von sichtbar afrikanischer Herkunft. Ich traute mich nicht, mit ihm zu sprechen. Ich wollte auch nicht mit ihm in der gleichen Handballmannschaft sein, weil ich glaubte, dass er, wenn man ihn mit mir zusammen sieht, meine Hautfarbe noch verstärke. Es war der Gipfel der Unsolidarität, aus einer fürchterlichen Schwäche heraus, was ich eigentlich bis heute nicht begreife. Ich hatte als Jugendlicher nie den Mut, eine PoC als

Freund zu haben. Heute natürlich schon, zwischen zwanzig und dreißig war es sogar eine wichtige Erfahrung.

*»Es macht mich traurig, dass so vieles jetzt mit Rassismus verknüpft wird. Ich bin 87 Jahre alt, weiß (ist das Rassismus?), habe Kraushaar, viele meiner Mitbewohner im Altersheim berühren meine Haare (Rassismus?). Ich habe sehr gute Freunde, auch Schweizer aus Trinidad, also: schwarz – Rassismus!! M*köpfe liebe ich auch, aber bitte verachten Sie mich nicht deswegen. Wir haben Pflegerinnen hier in allen Schattierungen, was nichts über ihre Qualität aussagt!«*

»Die Schwarzen haben schönere Lippen, einen schöneren Arsch und einen Waschbrettbauch. Sie können besser tanzen und so weiter. Die Weißen legen sich im Sommer an die Sonne, damit sie braun werden. Und viele weiße Frauen würden schwarze Männer heiraten. Ach, so blöd, wenn man anders ist …«

»Sie haben einen sehr sympathischen Vater, und Ihre Schwester hat mich aussehmäßig an die großartige und von mir über alles geliebte Nina Simone erinnert. Dies zudem auch stimmlich. Habe mir überlegt, ob sie wohl ähnlich tönen würde, wenn sie singen würde. Möglicherweise wurde ihr dies auch schon so gesagt. Ich für mich kann sagen, dass ich als Musikfan ganz viele schwarze Sängerinnen und Sänger liebe: Die soeben genannte Nina Simone, Marla Glen, Tina Turner, Sade, Whitney Houston, Billie Holiday, BB King, Prince, Michael Jackson, Janet Jackson und viele mehr.«

Martin R. Dean als Kantonsschüler, 1976

IN LIEBE, DEINE FAMILIE

ICH: Meine Großeltern hatten Mühe mit meinem leiblichen Vater. Ganz bestimmt schon nur, weil er Schwarz war. Entschuldigt hat man das, indem man gesagt hat: »Das ist schwierig – wie will er hier leben? Er wird nicht arbeiten können und die Sprache spricht er auch nicht.« Ich denke, dass sie nicht unglücklich waren, als meine Mutter sich von ihm trennte. Den fehlenden Vater hat meine Familie kompensiert. Meine Großeltern, meine Tanten, Onkel, die zwei Patentanten, zwei Patenonkel, meine Großtanten und Großonkel, sie alle waren darum bemüht, mir den fehlenden Vater zu ersetzen. Ich hatte stets das Gefühl, wohl behütet, vielleicht sogar überbehütet zu sein. Als ich zur Welt kam, packte mich meine Großmutter in den Kinderwagen und schickte meinen Großvater damit spazieren. Alle im Quartier sollten mich möglichst bald mal sehen können, sich, wenn es denn sein musste, den Mund über uns zerreißen und danach für immer schweigen. Dieser Plan ging eigentlich wunderbar auf. Wenn jemand anderes mit mir spazieren ging, sagte sie, man solle mit mir nicht zu stark in die Sonne, sonst würde ich noch dunkler. Ich muss dazu sagen, dass meine Großmutter natürlich nicht nur Meisterin darin war, meine Identität wegzuwischen, sondern leider auch ihre eigene. Sie war halb Russin, kam erst als Teenager in die Schweiz, hat bis zu ihrem Tod Hochdeutsch mit Akzent gesprochen. Trotzdem hat sie uns nie Russisch gelehrt. Möglichst anpassen war ihre Devise, möglichst schweizerisch sein. Das galt für sie und sollte auch für mich gelten.

Ich liebte meine Großmutter über alles. Für mich waren wir Verbündete. Dass sie mich lieber weiß gehabt hätte, stimmte damals für mich. Denn ich wäre ja auch lieber weiß gewesen. Sie hat mir geholfen mit allem, was dazu führte, dass ich mich weißer fühlen konnte und weißer wirkte. Sie hat mit ihren Lockenwicklern versucht, mir die Haare zu strecken, und erschrak fürchterlich, als ich später mit den langen Zöpfen nach Hause kam. Sie meinte dann mit ihrem russischen Akzent: »Mädchen, du solltest nicht noch mehr in diese Richtung gehen.«

Das war meine Kindheit: Ich spürte extrem viel Liebe, aber auch Sorge um mich. Sorge, dass ich nicht zurechtkommen könnte. Und für meine Großmutter war wohl der einzige Weg aus diesem Dilemma, alles, was mit meiner Schwarzen Identität zu tun hatte, zu ignorieren und mich so weiß wie nur möglich zu machen. Meine Kindheit war geprägt von einer Anpassung, einer Überanpassung und leider auch von einem Verstecken meiner eigenen Identität.

MARTIN: Ich hatte im Gegensatz zu deiner komplett weißen Familie meinen Stiefvater an meiner Seite, der gänzlich indischer Herkunft war. Wie mein leiblicher Vater kam auch er aus einer trinidadischen Einwandererfamilie. Das hat aus unserer Familie eine sichtbar bikulturelle Familie gemacht. So war das Thema auf dem Tisch. Man konnte es nicht verschweigen, aber man hat es so klein wie möglich gemacht. Mein Stiefvater hat nicht darüber gesprochen, ich habe nicht darüber gesprochen. Ich weiß nur, dass meine Mutter – und das finde ich heute eigentlich toll – mir ab und zu Hemden oder Pullover schenken wollte, und beifügte, dass diese oder jene Farbe zu meiner Hautfarbe passe. Ich habe mich aber bei bestimmten Farben gewehrt, weil ich keine braunen oder roten Pullis wollte, ich wollte weiße oder blaue, weil mich das bleicher macht. So dachte ich jedenfalls. Meine Mutter hat das nicht weiter kommentiert. Meine Familie hatte keine Sprache dafür. Es ist nicht verschwiegen worden, aber man mied das Thema doch auffällig. Nachdem mein Stiefvater gestorben war und meine Mutter ihren Jugendfreund aus dem Dorf wiedertraf, verschwand das Thema Rassismus ganz aus ihrem Sprechen. Wenn es auftauchte, dann hatte es unangenehm xenophobe Untertöne, was von ihrem neuen Freund ausging. Ich wünschte, meine Eltern hätten von Anfang an eine Sprache für diese Themen gehabt. Das wünsche ich mir insgesamt für die Schweiz: dass Minderheiten endlich sichtbar werden und man für sie und mit ihnen eine Sprache findet. Vielleicht muss die Schweiz jetzt lernen, dass es eine Sprache dafür braucht. In Trinidad gab es immer eine Sprache. In Trinidad gibt es Afrotrinis, Trinis indischer, syrischer, chinesischer oder englischer Abkunft. Für das Zusammenleben musste man eine Sprache haben. »Hey«, sagte einmal eine Frau, als sie mich auf der Treppe eines Kinos in Port of Spain sitzen und auf jemanden warten sah: »Hey Mann, sitz nicht zu lange in der Sonne, willst du etwa so schwarz werden wie ich?« Es gibt also eine Sprache für die ethnische Vielfalt, es gibt auch einen mehr oder weniger spielerischen Umgang mit Rassismen, es gibt Witze und Limericks am Karneval. All das kannten meine Eltern gut, aber es ließ sich in der Schweiz nicht anwenden. Das Sprechen über Rassismus war in den fünfziger und sechziger Jahren, in denen ich aufwuchs, in meinem aargauischen Dorf vollkommen tabu.

ICH: Mit Humor kann man aber Diskriminierungsprobleme auch nicht lösen, oder?

MARTIN: Humor entschärft und verhindert doch Gewalt. Es läge eine Selbstverständlichkeit darin, wenn wir über unsere Diversität auch Scherze machen könnten, ohne verletzend zu sein. Nicht Witze über den anderen, sondern gegenseitiges Scherzen im Einverständnis. Humor markiert Differenz, ohne sich selber und den anderen allzu ernst zu nehmen. Humor aber rückt vor allem auch den eigenen Standpunkt ins Understatement.

ICH: Wer weiß, vielleicht ist das ja dann ein nächster oder übernächster Schritt. Du hast ein Stück von deiner indischstämmigen Identität durch deinen Stiefvater leben können. Ich habe mich nach dem Sommer 2020 mit vielen PoC unterhalten und dabei festgestellt, dass es große Unterschiede gibt, zwischen PoC, die in einem komplett weißen Umfeld aufgewachsen sind und mit ihren Erfahrungen nahezu alleine waren, und PoC, die zumindest einen Teil ihrer Schwarzen Identität mitbekommen und gelebt haben, denen die Eltern bereits über ihre eigenen Erfahrungen und ihre eigenen Strategien im Umgang damit erzählen konnten.

Ich lernte meinen leiblichen Vater erst mit zwanzig kennen. Ich hatte ihn zwar als Kleinkind einige Male gesehen, daran kann ich mich aber leider nicht erinnern. Die ersten zwanzig Jahre meines Lebens kannte ich meinen Vater nur aus Erzählungen meiner Mutter und meiner Verwandten. Ich hatte ein altes Schwarz-Weiß-Foto von ihm, einen handgemachten Brieföffner aus Holz, eine wunderschöne handgemachte Skulptur aus Bienenwachs, beides wohl aus seiner Heimat Benin, und ich hatte eine alte Adresse in Paris, wo er während der Beziehung mit meiner Mutter gelebt hatte. Mehr hatte ich nicht von ihm. Die Trennung meiner Eltern war leider auch eine Trennung von meinem Vater und mir. Als Kind hatte ich mir ausgemalt, wie unsere erste Begegnung sein könnte. Damals lief im TV die *Rudi-Carrell-Show*, bei der regelmäßig Familien wiederzusammengeführt wurden. Diese Wiedersehen spielten sich immer nach demselben Muster ab: Das TV-Team machte

Unmögliches möglich, machte längst verschollen geglaubte Familienmitglieder ausfindig, und dann kam es im Fernsehen zur Wiedervereinigung. Dort fiel man sich weinend in die Arme. So würde es wohl sein, wenn ich meinen Vater irgendwann einmal wiedersehen würde, stellte ich mir vor. Doch es war ganz anders. Ich machte mich mit zwanzig auf die Suche nach ihm. Ich hatte diese alte Adresse. Von der Schweiz aus erwies sich die Suche als hoffnungslos. Ich reiste nach Frankreich, eigentlich für Urlaub, und startete dann die Suche von da aus von Neuem. Ich verbrachte einen ganzen Nachmittag in einer Poststelle in Uzès, die eine Art elektronisches Telefonbuch hatte. So konnte ich elektronisch Département für Département abklappern. Die Poststelle wollte schon schließen, als ich fast am Ende des Alphabets beim Département Yvelines fündig wurde. Der Name meines Vaters blinkte auf, als hätte ich im Lotto gewonnen. Mein Vater lebte, und er lebte nach wie vor in Frankreich, etwas außerhalb von Paris. Nun hatte ich also die aktuelle Adresse und eine Telefonnummer. Doch was machte ich damit? Ich schaffte es zunächst nicht, ihn anzurufen. Mein Patenonkel rief ihn an, und ich hörte mit. Ich hörte das erste Mal in meinem Leben bewusst die Stimme meines Vaters, ich hörte seine überraschte Stimme, seine bewegte Stimme, als dieser am anderen Ende des Telefons zum ersten Mal seit fast zwanzig Jahren wieder etwas von seiner Tochter hörte, erfuhr, dass es ihr gut geht und sie ihn gerne kennenlernen möchte. Dass es ihn glücklich machte, das spürte ich, und das machte es für mich leichter, am nächsten Tag selbst anzurufen. An diesem Tag ging erst jemand mit einer anderen Männerstimme ans Telefon. Es war die Stimme meines Bruders, von dem ich bis zu dem Tag noch nicht einmal gewusst hatte. Er von mir auch nicht. Das erste Gespräch mit meinem Vater war kurz. Vieles davon ist mir nicht in Erinnerung geblieben. Er erzählte mir, warum er sich so lange nicht bei mir gemeldet hatte. Ich glaube, ich habe nicht richtig zugehört. Denn in diesem Moment interessierte es mich nicht. Ich wollte ihn einfach kennenlernen und keine Zeit mehr verlieren, und so reiste ich wenige Tage später bereits nach Paris. Dort wollte er mich abholen, beschrieb mir, was er tragen würde, damit ich ihn erkennen kann. Einen großen roten Hut werde er tragen, sagte er mir. Als würden wir uns zu einem Blind Date treffen. So suchte ich am Gare de Lyon in Paris nach einem großen roten Samtzylinder. Ich weiß nicht mehr, ob mein Vater diesen Hut tatsächlich trug. Ich erinnere mich aber, dass ich zunächst erfolglos danach Ausschau hielt. Denn mein Vater war nicht da, als ich ankam. Er hatte wohl irgendwo im Stau gesteckt und dann, endlich am Bahnhof, nirgends einen Parkplatz gefunden. Ich weiß, wie er etwa eine halbe Stunde verspätet ganz gestresst in die Bahnhofshalle kam, direkt auf mich zusteuerte, als hätten wir uns erst vor wenigen Tagen das letzte Mal gesehen. Er grüßte mich, ich weiß nicht mehr wie. Irgendwie – doch ganz bestimmt nicht so, wie sich die Familien in der *Rudi-Carrell-Show* begrüßten. Er sagte mir, wir seien in Eile, sein Auto stehe mitten auf der Straße. Das war die erste Begegnung mit meinem leiblichen Vater. Ich lernte erst ihn kennen und am selben Tag meine Stiefmutter und drei Halbgeschwister. In diesen wenigen ersten Tagen kam es mir vor, als wollte mein Vater zwanzig Jahre nachholen, indem er versuchte, mir alles auf einmal mitzugeben: seine Liebe, seine Kultur, seine Religion, sein Leben. Das war mir zu viel.

MARTIN: Ich habe meinen leiblichen Vater mit vierzig in London kennengelernt. Nicht vorher, weil sein Vorhandensein in meiner Familie ein Tabu war. Als unsere Tochter zur Welt kam, brachte ich endlich mithilfe meiner Frau die Kraft auf, meinen Vater zu suchen. Aber mein Vater hatte kurz davor durch einen Hirnschlag seine Sprache verloren. Ich habe diese Begegnung im Roman *Meine Väter* dargestellt, das Schreiben half mir bei der Bewältigung dieses schwierigen Kapitels. Für die Komplettierung meiner Identität war das Kennenlernen meines Vaters enorm wichtig. Ich konnte die Vaterlücke füllen. Ich konnte die Phantasmen, die sich um meinen leiblichen Vater rankten, beenden. Das kann sich für andere wieder anders darstellen. Ich aber spürte, wie ich ein Stück Boden unter den Füßen gewann. Erst recht, als ich einen Zeitungsartikel in seiner Schublade entdeckte, in dem er anlässlich eines rassistischen Übergriffs in einem Bus porträtiert wurde. »Solche Übergriffe«, sagte er da, »sind furchtbar, wenn man allein lebt.« Das hat mich beeindruckt. Ist es denn nicht wichtig, die andere Seite von sich zu kennen?

ICH: Ich finde es auch wichtig. Sehr sogar. Aber ich konnte es nicht. Jedenfalls nicht alles auf einmal. Es ging nur Schritt für Schritt. Und in diesem Prozess befinde ich mich nach wie vor. Von meiner Mutter wusste ich, dass mein Vater in der Beziehung oft von seinen Rassismuserfahrungen erzählt hatte. Von jenen, die er in Frankreich erlebt hatte, und jenen in der Schweiz. Sie waren ganz anders – in Frankreich hatte er eher offene Diskriminierung erlebt, in der Schweiz sei sie versteckter gewesen. Als ich dann nach dem Sommer 2020 meinen Vater darauf ansprach, sagte er mir zunächst, dass er keine Rassismuserfahrungen gemacht hätte. Weder in Frankreich noch in der Schweiz. Er erzählte mir stolz, wie er vor einigen Jahrzehnten etwas außerhalb von Paris in eine fast gänzlich weiße Siedlung gezogen sei, wie er als Schwarzer Informatiker in einer Firma mit ausschließlich weißen Kolleg*innen gearbeitet habe und dort die Hautfarbe nie ein Thema gewesen sei. Auch in der Schweiz seien alle immer nett und zuvorkommend gewesen. Rassismus, nein, Rassismus habe er keinen erlebt. Er sagte mir auch, dass er mit der Black-Lives-Matter-Bewegung nicht viel anfangen könne, weil es doch der Sache nicht diene. Und mit ihm habe es außerdem nichts zu tun. Das war für mich zunächst eine krumme Erfahrung. Ich hatte geglaubt, dass, wenn mich jemand verstehen könne, wenn jemand die gleichen Gefühle hätte im Sommer 2020 wie ich, dann wohl mein Vater und meine Schwarze Familie. Ich war verwirrt, vielleicht sogar ein bisschen enttäuscht. Bis ich merkte, dass das, was mein Vater erzählte, nur die halbe Wahrheit war. Denn irgendwann fing er an, zu erzählen. Geschichten von früher und von heute, und je mehr er erzählte, desto mehr konnte er selbst nicht mehr leugnen, dass das ja alles Rassismuserfahrungen sind. Doch wie sagte er mir: »Was bringt es denn, sich da zu quälen? Nimm das Leben nicht schwer, nimm es so, wie es ist. Es wird dich besser durchkommen lassen.« Irgendwie kam mir das alles bekannt vor. Wie war das mit deinen Vätern?

MARTIN: Ich hatte mich ein Leben lang für die Zurücksetzungen geschämt, und diese Scham teilte auch meine bikulturelle Familie. Ich erinnere mich an den Augenblick, als mein Stiefvater als Arzt an seinem Arbeitsort im Spital rassistisch beleidigt wurde. Meine Geschwister und ich wussten das alle, aber wir haben so getan, als handelte es sich um eine »normale« Beleidigung. Wir wollten uns auch nicht zu Opfern machen lassen. Insgesamt aber war unsere Scham Teil einer Hilflosigkeit: Wir spürten, dass wir über Rassismus nicht reden durften, weil das Thema tabu war und uns noch weiter abgesondert hätte. Wer solche Verletzungen zur Sprache brachte, machte sich angreifbar oder lächerlich. Sofort hörte man: Du bildest dir das ein, du liegst falsch, das interpretierst du einfach rein etc. So lernt man zu schweigen.

ICH: Heißt das, dass ihr zu Hause eigentlich auch nicht über Rassismus gesprochen habt?

MARTIN: Nein, aber ich muss dazu sagen, dass mein Stiefvater sich ja grundsätzlich so eingerichtet hat, dass er auch möglichst wenig rassistische Erfahrungen gemacht hat. Weil er Dorfarzt wurde und sehr gern gesehen war im Dorf, hat man seine Hautfarbe irgendwann nicht mehr wahrgenommen. Er wurde weiß. Einige haben ihn einfach so sehr gemocht, dass seine Hautfarbe keine Rolle mehr gespielt hat. Und das war schön. Insgesamt ist es für mich ein wunderbares Vorbild, dass er so integriert war. Natürlich gab es auch solche im Dorf, für die war er die berühmte Ausnahme: Man wollte zwar keine Ausländer, aber der Herr Doktor, der war ja eigentlich keiner mehr! Aber auf seine Weise hat er wohl auch dafür bezahlen müssen, zu angepasst zu sein. Er hat sich außerhalb des Familien- und Berufskontextes kaum entfaltet.

ICH: Ich nehme an, der Umstand, dass man seine Hautfarbe nicht sah, er »weiß wurde«, hat nur in seinem Umfeld funktioniert, da wo man wusste, wer und was er war, oder?

MARTIN: Genau deshalb ging er auch nicht gerne raus aus dem Dorf, er ging nicht gerne alleine reisen, in der Schweiz schon gar nicht. Wenn er reisen ging, dann immer nur nach London und Trinidad, oder dann ins Tessin, weil er sich dort dank der südlichen Vegetation seiner Heimat näher fühlte.

ICH: Man wollte also in deiner Familie, dass die Hautfarbe keine Rolle spielt. Ich wollte das selbst auch. Und meine ganze Familie hat mich dabei unterstützt. Aus unterschiedlichen Motiven, bewusst und unbewusst. Meine

Mutter wollte, dass man mich nimmt und akzeptiert, so wie ich bin. Heute sagt sie, dass sie damit meinem anderen Teil, nämlich dem afrikanischen, nicht gerecht geworden ist. Doch das sei ihr erst im Sommer 2020 bewusst geworden, sagt sie. Die Hautfarbe hat so sehr keine Rolle gespielt, dass ein Teil meiner Identität auf der Strecke geblieben ist.

MARTIN: Ich hatte das Glück, das Land meiner Väter früh kennengelernt zu haben. Bei meinen Besuchen in Trinidad begegnete ich dem »Anderen« in mir. Das war spannend, teilweise auch schmerzhaft, weil ich auch da ein Stück weit fremd blieb. Nicht nur, dass ich mich »europäisch« kleidete und bewegte, auch an meiner Art zu sprechen erkannte man sofort, dass ich ein »Foreigner« war. Und doch habe ich bei diesen Besuchen sehr viel über mich erfahren. Nicht nur durch das Kennenlernen einer stetig wachsenden Verwandtschaft, sondern auch durch die Eigenheiten des Landes, die mir sehr gefielen. Ich wurde bereichert und empfinde eine große Dankbarkeit, nicht nur die Schweiz als Heimat zu kennen. Natürlich bleibt der Zwiespalt auch immer wach, die Frage, wohin man gehört, was einem besser entspricht. Aber heute glaube ich, dass zu meiner vollständigen Identität mehr gehört als nur die Zugehörigkeit zu dem einen oder anderen Land. Ich plädiere wie Hugo Loetscher dafür, dass man viele Identitäten hat. Paris gab mir wie London oder mein wynentaler Dorf einen Teil meiner Identität. Aber letztlich bin ich als Schriftsteller nirgendwo anders zu Hause als in meiner Sprache. Die Frage, wohin ich gehöre, verliert durch das Schreiben an Wichtigkeit. Man schafft sich die Welt neu und behaust sich selber. Schreiben ist eine wunderbare Möglichkeit, ohne feste Identität durch die Welt zu kommen.

»Für mich, als eine Mama von einem Child of Color, hat deine Geschichte ganz viel Wert. Du hast mir Mut gemacht, für meine Tochter einzustehen, bis sie es selber kann, du hast mich motiviert, auch in meiner Familie genau hinzuschauen und Leute, wenn nötig zu konfrontieren, die kleinen Dinge wahrzunehmen und auch da aktiv zu intervenieren. Ich lebe seit über sieben Jahren in Kenia, und eigentlich betrübt mich der Gedanke, dass meine Tochter ein bisschen ›zu weiß‹ ist, um sich in Kenia – und ein bisschen ›zu dunkel‹, um sich in der Schweiz – dazugehörig zu fühlen. Mir wird bewusst, wie wichtig es ist, ihr mit Geschichten und anderen Mitteln beizubringen, dass sie genau richtig ist, wie sie ist – aus beiden Kulturen das Positivste herauszuholen und ihr ein Selbstvertrauen mit auf den Weg zu geben, damit sie standhaft wird gegen Ignoranz und Intoleranz – und genauso wie du, den Mut aufbringt, das Problem beim Namen zu nennen!«

»Eine Freundin von mir erzählt mir genau dasselbe von ihren Eltern. Nebst der Konfrontation mit der Gesellschaft habt ihr (seit dem Sommer benutze ich auch das ›ihr‹, denn vorher habe ich die People of Color nicht als Gruppe gesehen) also auch von der Familie her nicht das Rüstzeug, um damit klar zu kommen. Es bleibt wohl nichts anderes, als was du gemacht hast. Dich als Schwarze Person zu sehen. Ich hatte noch etwas Mühe damit, da ich dachte, wir seien als Gesellschaft weiter. Hoffentlich kann ich euch genügend unterstützen. Ich werde es versuchen, versprochen!«

»Mir fällt gerade jetzt richtig bewusst auf, dass ich doch auch drei Cousinen und einen Cousin habe mit dunkler Haut – und zwei weitere Cousinen mit Männern und Kindern –, nie war Rassismus oder der kleinste Unterschied in der Verwandtschaft ein Thema. Ich vermute, es fällt gar

niemandem auf ... So wie mir, die sich das erst jetzt bewusst durch den Kopf gehen lässt. Oder wird einfach bloß geschwiegen? Ich muss das mal aufgreifen.«

ICH: Die Auseinandersetzung mit der eigenen Identität ist automatisch auch eine Auseinandersetzung mit der Familie. Und die Familie hat ja – für mich zumindest – eigentlich etwas Unantastbares. Für mich ist die Familie das Wichtigste überhaupt. Meine Familie hat mich immer akzeptiert, wie ich bin. Und meine Familie hat mich selbst dann unterstützt, als sie gemerkt hat, dass es ans Lebendige ging. Als ich angefangen habe, das Thema Rassismus anzusprechen, haben es nicht alle verstanden. Sie konnten es teilweise nicht nachvollziehen, waren bei vielem nicht gleicher Meinung. Es hat teils zu zehrenden, schwierigen Diskussionen geführt. Doch ich habe in dieser Zeit auch von Neuem erfahren, was wahre Liebe ist. Die Liebe zeichnet sich nicht durch komplette Einigkeit aus. Sondern durch den Versuch, das Gegenüber durch Empathie zu verstehen, den anderen eingeschlagenen Weg zu akzeptieren. Liebe ist, dass die Liebe nicht kleiner wird, auch wenn man nicht alles vom anderen versteht oder gutheißt.

»Liebe Angi, wir haben mit großem Interesse die Reportage geguckt. Aber was quatschen denn die vielen Leute über Probleme einer Welt von gestern? Wir sind alle Mischlinge! Und in dir stecken Gene aus mindestens drei Kontinenten – und du bist, vermutlich durch die göttliche Gunst, eine besonders wertvolle Mischung. Nütze die Gunst großer Bekanntheit. Nütze sie für dich und den Rest der Welt. Du kannst mehr erreichen als andere. Neben afrikanischem Erbgut von deinem Papa hast du von der Urgroßmama Ekaterina geb. Spiridonowa nicht typisch Russisches, sondern eher Asiatisches mitbekommen, aber eher weniger als

ich. In Frutigen nannte man uns die »Rückgewanderten Exoten«, »z'Russis«. Wir mussten uns alle durchsetzen. Es hat uns letztlich gutgetan. Und in spätestens 300 Jahren wird die ganze Menschheit – vielleicht mit seltenen Ausnahmen – aus Mischlingen bestehen. Ich freue mich auf die nächste Begegnung mit dir. Bitte nicht grad jetzt (Corona). Herzlich, Götti J.«

»Liebe Angi, Danke für deinen Brief und das Buch [Was weiße Menschen nicht über Rassismus hören wollen aber wissen sollten]. *Du hast mit diesem Film ein Projekt gestartet, das in unsere Zeit passt, und es ist gut, dass ich etwas beitragen konnte und dein Anliegen von vielen verstanden wurde. Wie geht es weiter? Das ist ja wohl ein Anfang, und wie du schreibst, hätten verschiedene Lehrer Interesse, das Thema ›Rassismus‹ anhand des Filmes zu erklären. So wirst du sehr wahrscheinlich weiterhin auftreten und erläutern, was es den Schwarzen bedeutet, wenn sich Weiße in einer unpassenden Form äußern? Die Hauptsache ist ja, dass es für dich etwas gebracht hat, und natürlich, dass du jetzt anderen damit helfen willst und kannst. Dir und deiner Familie wünsche ich alles Gute und Liebe und grüße alle herzlich, deine Großtante L.«*

»Liebes Angi, Herzlichen Dank für dein Brieflein und das Buch [Was weiße Menschen nicht über Rassismus hören wollen aber wissen sollten]. *Bei uns hat's heute geschneit, so schön. Mir gefallen die Lichtlein in der Weihnachtszeit. Ich wünsche dir und deiner Familie alles Liebe, Wärme in der Stube und Freude im Herzen. Es liebs Grüessli, Deine Gotte T.«*

Angélique Beldners Vater, um 1973

Angélique Beldner mit ihren Großeltern, um 1978

Martin R. Dean mit seinem Großvater Eddie Galliker und seinem Stiefvater Nato Dean, um 1957

DER PARANOIDE RAUM

»Mir als Schwarzem Mann wurde oft mit Angst begegnet. Wenn ich in den Bus gestiegen bin und mich neben jemanden hingesetzt hatte, haben meist Frauen ihre Tragtaschen zwischen ihren Füßen aufgehoben, das offene Ende zugerollt und mit beiden Händen fest gegriffen. Dies ist mir mit erstaunlicher Regelmäßigkeit passiert. Instinktiv hatte ich darauf begonnen, mich dann jeweils umzuschauen, wo denn der potenzielle Dieb sein könnte. Bis ich dann meine Reflexion im Fenster sah … ahaaa … Wenn ich nachts zu Fuß nach dem Feiern durch die Stadt heimwärts kam, dann hatte jedes Mal einer, oder gleich mehrere nacheinander, die Straßenseite gewechselt, und dann, hinter mir, wieder zurück auf meine Seite. Ich verstehe das ja, von einem Sicherheitsgedanken her, aber dies ist mir nie passiert, wenn ein Freund dabei war. Wie kann es denn sein, dass zwei junge Männer, einer farbig einer weiß, nachts weniger gefährlich erscheinen als bloß ein einzelner farbiger alleine?«

»Vor 25 Jahren war ich mit einem Schwarzen Freund auf Interrail. Wir überquerten mit einem Nachtzug eine Grenze. Ich stellte mich schlafend. Die Zöllner weckten mich nicht. Als ich die Augen einen Spaltweit öffnete, sah ich, wie sie meinen Freund an die Wand gestellt hatten, ihn abtasteten und in seine Taschen griffen. Da merkte ich, für mich machte seine Hautfarbe keinen Unterschied. Für ihn schon.«

»Es geht um den Rassismus, der in allen von uns tief verankert ist. Dass es den anderen, ich nenne ihn mal den pathologischen Rassismus gibt, den wir alle verurteilen, ist ja klar. Ich muss gestehen, selbst ich habe neue Blickwinkel auf das ganze Thema bekommen. Die Mutter meiner Frau ist in Brasilien geboren, sie ist Schwarz und spricht unsere Sprache mit Akzent. Sie erklärte mir einmal, dass, wenn sie in die Migros einkaufen gehe, sie sich schminke und schön anziehe, weil sie dann potenziell ein bisschen weniger als Ladendiebin angeschaut werde. Da musste ich mir eingestehen, dass ich natürlich sehr wohl Rassismus verurteilen kann, aber dass es einen Rassismus gibt, der eine Qualität hat, den ich als weiße Person gar nicht sehen kann. Das war für mich sehr einleuchtend. Seither begegne ich diesem Thema etwas demütiger. Mir ist klar, dass es ganz viele Facetten von Rassismus gibt, die ich gar nicht sehen kann, wie zum Beispiel deine Schwester, die beschreibt, wie sie als Pflegefachfrau für die Putzfrau gehalten wurde, da sie mit einer Weißen unterwegs war und somit die Weiße für die Pflegefachfrau gehalten wurde.«

»Nach dem Film wurde mir bewusst, dass ich mir jahrelang auch eine Strategie zurechtgelegt habe, um mit dem Rassismus umzugehen, mit dem ich täglich konfrontiert werde. Mein Aussehen ist ›schweizerisch‹, mein Dialekt astrein, ich habe aber ein ›-vic‹ am Schluss meines Nachnamens. Ich ertappe mich jeden Tag mehrmals, wie ich mir am Telefon, bei einer Bestellung oder einer Reklamation denke: Was denkt mein Gegenüber, wenn es gleich meinen Namen erfährt? Zu oft habe ich nämlich erlebt, wie die Stimmung im Anschluss gekippt ist oder wie viel Goodwill ich aufbringen musste, um auf das Niveau eines Meiers oder Müllers gestellt zu werden, wenn jemand meinen Namen bereits kannte.«

MARTIN: Warum hat deine Überlebensstrategie, um sie mal so zu nennen, diesen Sommer nicht mehr funktioniert?

ICH: Es war eher so, dass ich in diesem Sommer merkte, dass ich mich selbst belogen hatte. Ich hatte mir eine Welt zurechtgelegt, die so nicht existiert. Eine Welt ohne Rassismus. Ich wollte glauben, dass wir in dieser schönen Schweiz ohne Diskriminierung auskommen. So ging ich durch die Welt, und rassistische Dinge, die Menschen erlebt haben, habe ich mit der Zeit selbst klein geredet. Ich kann mich an eine Situation erinnern, als ich zusammen mit einem Schwarzen Freund von der Polizei angehalten wurde. Wir sollten unsere Ausweise zeigen. Wir konnten beide diese Kontrolle nicht nachvollziehen. Doch für mich war es einfach eine Routinekontrolle. Ich wollte den Ausweis zeigen und möglichst schnell wieder aus dieser unangenehmen Situation rauskommen. Mein Freund weigerte sich aber und nannte die Polizisten Rassisten. Ich habe mich fürchterlich geschämt und warf ihm vor, dass er so für uns PoC alles nur noch schlimmer mache. Aus heutiger Sicht kann ich seine Reaktion ein Stück weit nachvollziehen. Seine negativen Erfahrungen haben sich so kumuliert, dass er irgendwann nicht mehr bereit war, sie einfach nur hinzunehmen. Heute spricht man über Racial Profiling und ist für die Problematik sensibilisiert. Das wäre nicht möglich gewesen, wenn es nicht Menschen geben würde, die bereit sind, sich auch offen dagegen zu wehren. Das beeindruckt mich, auch wenn ich selbst niemals so reagieren würde wie mein Freund damals. Racial Profiling ist für mich übrigens ein gutes Beispiel für Begegnungen, die schwer einzuordnen sind: Wie können wir in jedem Fall wissen, ob es sich wirklich um Racial Profiling handelt, oder ob eine Kontrolle tatsächlich berechtigt ist und nichts mit der Hautfarbe zu tun hat?

MARTIN: Du sprichst den Raum der Ungewissheit an. Ich habe ihn in meinem Essayband *Verbeugung vor Spiegeln* den »paranoiden Raum« genannt. Weil der eine nicht weiß, was der andere denkt: Werde ich jetzt schlecht behandelt, weil ich mich gerade aggressiv benommen habe, oder weil der andere einfach eine schlechte Laune hat? Oder begegnet man mir abschätzig, weil mein Gegenüber PoC nicht mag? – Du sprichst von Racial Profiling, bei dem man nie genau weiß, ob eine Personenkontrolle jetzt wirklich rassistisch ist oder nicht. Wahrscheinlich sind sie, von heute aus gesehen, in den meisten Fällen rassistisch motiviert! Ich erinnere mich an eine Zugfahrt vor Jahren in Deutschland. Kurz vor Basel kommen die Grenzpolizist*innen, durchqueren den Großraumwagen und steuern direkt auf mich zu. Als ich sie frage, warum sie nur mich kontrollieren, sagt der eine schnippisch zu mir: »Das ist doch nicht ehrenrührig, junger Mann.« Damals wusste ich nicht, was ich entgegnen sollte. Mir hat es die Sprache verschlagen. Heute hätte ich die richtigen Worte, um ihm zu widersprechen.

ICH: Ich kann sagen, dass ich als Frau selten von der Polizei kontrolliert wurde. Außer am Zoll. Da kam ich früher grundsätzlich nie ohne Kontrolle durch. Ich entschuldigte es durch die Erfahrungswerte, die Zöllner*innen nun mal haben. Der Alltagsrassismus ist nichts, das mich umbringt. Doch es sind kleine, feine Nadelstiche Tag für Tag. Mir ist es zum Beispiel immer wieder passiert, dass ich in einer Warteschlange stehe und man mir mit Blicken das Gefühl gibt, dass ich hier falsch bin. Dass mir jemand einen bösen Blick zuwirft, der mir sagt: »Geh und stell dich wieder hinten in die Reihe«, und das, obwohl ich dort ja am Anfang stand und mit der Zeit weiter vorgerückt bin, wie jeder und jede andere auch. Allein durch den Blick sagt man mir: »Ich bin weiß, jetzt komme ich, du hast hinten zu stehen und hinten zu bleiben.« Das sagt so vieles aus über unseren Alltag. Ich werde akzeptiert oder wohl eher toleriert, so lange ich niemandem etwas wegnehme, und wenn es nur eine halbe Minute ist, die er länger anstehen muss, weil ich nämlich vor ihm da war. Natürlich sind das Einzelfälle, so verhält sich nicht die Mehrheit, sondern eine Minderheit. Und doch: Diese Erfahrungen sind einige von vielen anderen, die Menschen wie du und ich immer und immer wieder erleben. Jeder und jede, den oder die es nicht betrifft, wird jetzt vielleicht denken, das sei absurd, in Blicke so etwas hinein zu interpretieren. Doch das sind Erfahrungen, die sich mit der Zeit läppern. Manchmal sprechen es die Menschen sogar aus und sagen, dass Menschen wie ich Menschen wie ihnen den Vorrang zu lassen hätten. Nun kann ich natürlich im Einzelfall denken, das sei ein Idiot. Doch wer täglich solche Erfahrungen macht, fühlt sich irgendwann minderwertig und klein.

MARTIN: Wenn ich mich irgendwo anstelle, habe ich oft das Gefühl, nie an die Reihe zu kommen. Selbst wenn es nicht stimmt, das Gefühl steckt in mir. Und weshalb? Weil es sehr oft vorgekommen ist, dass ich derjenige bin, der wartet beim Metzger oder beim Bäcker, und dann kommt jemand von hinten, geht an mir vorbei und sagt: »Ich hätte gerne ein Pfünderli hell.« Ich hatte immer wieder das Gefühl, ich sei unsichtbar. Ich habe dann angefangen, mich bemerkbar zu machen, indem ich sagte: »Pardon, ich war vor ihnen da.« In den meisten Fällen löst das nicht etwa Verständnis, sondern Empörung aus. Die Verkäuferin fühlt sich ertappt und stellt auf stur. Und die Person, die ich bezichtige, sich vorgedrängt zu haben, ist empört.

ICH: Oder ein anderes Beispiel: Früher hat sich praktisch nie jemand im Bus oder Zug zu mir gesetzt. Der Platz neben mir war der, der am allerlängsten frei blieb. Mittlerweile ist das anders. Aber nur, weil ich nicht mehr die Exotischste bin in einem Bus. Nun sind es andere, neben die sich keiner setzt. Es ist wirklich ein »paranoider Raum«, denn jeder kann dir sagen, dass es Zufall ist, wenn just dein Nachbarplatz frei bleibt, und du kannst ihm nicht das Gegenteil beweisen. Ich habe neulich in einem Text der deutschen Schwarzen Autorin Alice Hasters gelesen, dass sich eine weiße Person niemals fragen würde, wie es eigentlich für eine Schwarze Person ist, in eine Banane zu beißen. Als ich das las, wäre mir die Banane im Hals stecken geblieben, hätte ich gerade eine gegessen. Ich hatte es vergessen, und auf einmal war es mir wieder klar: Es muss Jahrzehnte her sein, dass ich das letzte Mal in der Öffentlichkeit in eine ganze Banane gebissen habe. Denn jedes Mal, wenn ich es getan hatte, spürte ich belustigende Blicke. Manchmal sagte man es mir sogar ganz entschuldigend: »Sorry, aber das sieht einfach irgendwie witzig aus.« Ich würde nie, nie mehr in eine ganze Banane beißen. Bananen werden bei mir in kleinen Stücken verzehrt. Bei einer Gefängnisbesichtigung sagte mir mal ein Mitarbeiter, sie hätten halt hier viele »Affrikaner mit Doppel-F« und fing an, laut zu lachen. Ich glaube, er hat nicht verstanden, weshalb ich das nicht lustig fand. Er dachte, ich säße ja in seinem Boot. Denn ich war ja die Angepasste, »nur« halb Schwarze, in seinen Augen keine »Aff-rikanerin«. Was haben solche Erlebnisse mit dir gemacht?

MARTIN: Es gibt unendliche viele Stufen und Situationen des Ausgegrenzt-Werdens. In mir bewirken sie ein Gefühl der Lähmung, manchmal auch der Empörung. Dieses Gefühl habe ich in früheren Jahren als Ohnmacht abgespeichert, im Sinne von: Es wird sich nie etwas ändern. Dieses Gefühl der Ohnmacht ist nun kleiner geworden. Es braucht die

Empathie der anderen, um verstanden zu werden. Weiße und Nichtweiße lebten zu lange in getrennten Welten.

ICH: Vielen ist nicht bewusst, dass der »paranoide Raum« auch deshalb schlimm ist, weil es auch Erfahrungen gibt, die ganz offensichtlich rassistisch sind. Neulich stieg ich in Luzern in den Zug, als eine Frau zu mir sagte: »Hier ist 1. Klasse.« Ich: »Wie bitte?« Dann wiederholte sie auf Englisch ganz aufgeregt: »First Class«, und zeigte energisch Richtung 2. Klasse. Ich auf Berndeutsch: »Und wieso sagen Sie mir das jetzt?« Erst dann fiel der Groschen und sie sagte: »Aha, Entschuldigung, ich dachte …«, dann verstummte sie. Ich bin erschrocken über meine eigene Reaktion. Ich hätte eigentlich gedacht, ich würde heute anders reagieren, als ich es früher getan habe. Doch das einzige, was anders war, war, dass ich mich vor ihr körperlich etwas größer machte, meinen Kopf hob, bevor ich mit ihr sprach. Früher hätte ich mich ganz klein gemacht. Doch das Gefühl, das sie bei mir hinterlassen hat, war immer noch das gleiche wie früher. Ich habe innerlich geweint und während der ganzen Zugfahrt an nichts anderes mehr gedacht.

MARTIN: Solche Verletzungen, die vielen nichtig erscheinen, summieren sich und triggern eine tiefere Verletzung, die man auch Trauma nennen könnte. Mit diesen Traumata kann verschieden umgegangen werden. Man kann mit Triggerwarnungen versuchen, andere vor Retraumatisierung zu schützen. Aber mir scheint es dabei wichtig zu sein, sich nicht in einen Safe Space zu flüchten. Traumata, das wissen wir aus der Psychoanalyse, verfestigen sich zu Tabus, wenn sie nicht diskutiert werden. Aus diesem Grund reden wir ja in diesem Buch darüber. Wir setzen uns mit diesem Gespräch noch einmal der Gefahr aus, getriggert zu werden und andere zu triggern. Aber wir tun es mit der

Absicht, Erfahrungen zu teilen, uns mitzuteilen. Statt uns zu schützen, wollen wir, dass sich in der Gesellschaft etwas verändert. Ich habe einmal im Leben erfahren, wie sich eine Schwarze Frau, die ausführlich über ihre Erfahrungen reden wollte, so aufgeregt hat, dass sie sich in therapeutische Behandlung begeben musste. Das ist ein Risiko, das wir hier eingehen. In der Hoffnung, dass unsere Schilderungen bei der Leserin und dem Leser etwas bewirken.

ICH: Ich bin erschrocken, als ich gemerkt habe, wie sehr ich meine negativen Erfahrungen verdrängt habe. Die kleinen Mückenstiche konnte ich ignorieren, bis zum Sommer, als sie alle auf einmal aufgekratzt und zu einer großen Wunde wurden. Ich würde von mir behaupten, dass ich mir eine Strategie zurechtlegen konnte, die mich mit all meinen Erfahrungen gut leben ließ. Das bedeutet aber nicht, dass ich deshalb finde, dass man sie hinnehmen muss. Nicht jede und jeder lebt gleich gut mit solchen Erfahrungen, und nur wenn wir das jetzt ansprechen, wird es uns und unsere Gesellschaft weiterbringen. Es gibt so viele Menschen, die sich nicht wehren können, für die der Alltagsrassismus nur die Spitze des Eisbergs ist. Sie finden keinen Job oder keine Wohnung oder werden im Restaurant nicht bedient. Sollen wir all diesen Menschen sagen, sie sollen es doch einfach nicht so ernst und nicht so persönlich nehmen? Oder machen wir es uns damit zu einfach? Denn solche Erfahrungen haben Folgen. Für viele bedeuten sie, dass sie sich immer etwas kleiner und wertloser fühlen als die anderen. Das kann nicht richtig sein.

MARTIN: Eine ketzerische Frage: Wer bestimmt, ob etwas rassistisch ist oder nicht? Sind das du oder ich, sind das zwei Leute in einer Situation, ist es auch der Rassist oder die Rassistin, der*die das bestimmt?

ICH: Wenn wir über Rassismus sprechen, dann bedeutet das ja eigentlich, dass immer jemand der Rassist oder die Rassistin sein müsste und das Gegenüber der oder die Betroffene. Es gibt also immer zwei Seiten: gut und böse, richtig und falsch, schwarz und weiß. Doch genau das stört mich ehrlich gesagt enorm. Wir sollten uns nicht über Begrifflichkeiten streiten. Denn daran sind schon andere kläglich gescheitert. Es gibt nicht einmal eine allgemeingültige Erklärung für den Begriff »Rassismus«. Und deshalb entstehen Diskussionen, die vom eigentlichen Problem ablenken. Es geht doch weniger darum, ob etwas rassistisch ist oder nicht, ob etwas rassistisch gemeint war oder nicht, sondern darum, was es mit den Menschen anstellt. Natürlich spreche ich da nicht vom offensichtlichen Rassismus, gegen den man rechtlich vorgehen kann und soll. Ich habe neulich in einer Reportage im Fernsehen etwas gehört, das es für mich auf den Punkt bringt: Der Rassismus wird erst dann weniger, wenn weiße Menschen beginnen, ihn als ihr Problem zu sehen, das sie lösen müssen, und nicht als Problem Schwarzer Menschen, für das sie Empathie empfinden.

»In a racist society it is not enough to be non-racist,
we must be anti-racist.«

Angela Davis

MARTIN: Du hast Recht. Wir sollten uns nicht auf Begrifflichkeiten versteifen. Doch ich möchte schon gerne noch anfügen, dass es beim Rassismus auch um handfeste Privilegien geht. Nicht nur in den USA, sondern auch in der Schweiz. Wer hält die Deutungshoheit bei Informationen inne? Wer bestimmt über die Zugänge zum Wissen, das Macht bedeutet? Wer wird in bedeutende Gremien gewählt und wer kann von Privilegien profitieren? Wem wird das Paradies auf Erden geschenkt und wer muss dafür schuften? Man kann eine Gesellschaft modellhaft mit einer Schulklasse vergleichen: Wem wird bei der Stoffvermittlung Aufmerksamkeit geschenkt, wer besteht dadurch Prüfungen und kommt in eine höhere Lohnklasse? Nur taugt das Bild der Schulklasse nicht mehr, wenn es um die Verteilung der Macht geht. Diese wird nicht nach Fähigkeiten, sondern nach Beziehungen, Vernetzungsgrad und oft nach Seilschaften verteilt. Es gibt in der Schweiz eine lange Tradition, Weiße zu bevorteilen. Das beginnt schon damit, dass man Nichtweiße nicht für Schweizer*innen hält. Auch deshalb teilen wir beide hier unsere Erfahrungen. Weil Weißen nur im Gespräch bewusst werden kann, was sie bis anhin nicht wahrgenommen haben. Nämlich, dass sie diskriminierend sein können, ohne dass sie es merken. Das ist der vielleicht schwierigste Teil des Problems in der Schweiz.

»All das weist auf ein Grundproblem hin: die Unfähigkeit oder der Unwille zu akzeptieren, dass es nicht darauf ankommt, was die sich Äußernden empfinden. Sondern entscheidend ist allein, wie der Empfänger/die Empfängerin die Äußerung empfindet, ob sie ihn/sie beleidigt, diskriminiert, verletzt.«

»Ich habe mich erinnert – und wie peinlich ist mir diese Erinnerung ins Hirn und ins Herz gefahren –, dass ich als circa 16-Jähriger eine Schwarze Schulfreundin gefragt habe, ob ich ihre Haare anfassen dürfe. O Mann! Dabei tut es nichts, gar nichts zur Sache, dass ich das nicht böse gemeint habe, dass ich ganz genau wissen wollte, wie sich ihre Haare anfühlen. Wahrscheinlich so, wie ein Schwarzes Kind in Namibia die blonden Haare meiner Frau anfassen will. Wissen wollen, etwas anderes kennenlernen wollen. Neugierig sein.

Aber eben. Was meine Intention ist, das ist mein Problem. Wie das bei meiner Schulfreundin damals angekommen ist, habe ich zu ihrem Problem gemacht. Obwohl es meins war.«

OHNE TITEL (TRIGGERWARNUNG)

»Es interessiert mich überhaupt nicht, was du zu sagen hast! Es gibt wichtigere Anliegen von Menschen weltweit. Es geht dir doch gut hier in der Schweiz!!!«

»Solche Leute wie Sie machen die Schweiz kaputt. Rassismusklagen wegen normalen Sprüchen. Die Sau auf der ganzen Welt rauslassen und von Amerika in die ganze Welt raustragen unter dem Motto: Wir Schwarzen sind die ewig armen Sieche. Von den Juden hört man auch immer dasselbe. Sich im Selbstmitleid suhlen. Und immer nach Leuten schauen, die man anzeigen und vor Gericht bringen kann. Da kann man schnell reich werden, ohne zu arbeiten. Gegen alles vorgehen mit dem ›WIR‹. Wie bei den Dubler M-köpfen und vielen anderen Dingen. Anzeigen, verklagen, um daran Geld zu verdienen. Das könnt ihr alle. Anscheinend haben wir im eigenen Land gar nichts mehr zu sagen. Ich bin selber zum Glück kein Multikulti.«*

*»Die Vern*ung und der Multikulti-Zwang sind zum Kotzen. Viele stoßen sich daran und schauen bewusst diese TV-Sendungen nicht mehr. Ihr seid nicht willkommen.«*

»Dürfen Sie immer noch die Nachrichten kommentieren? Haben sie beim SRF noch keine Putzstelle frei?«

»Es ist eine Katastrophe, dass wir dafür zahlen müssen, Sie anzuschauen.«

»Egal, welche Hautfarbe Sie besitzen, Sie sind eine arrogante, eingebildete, selbstgefällige Zicke. Eine Profilierungsneurotikerin. Wir schalten um, wenn Sie auf dem Bildschirm erscheinen. Jedes Mal! Wir brauchen Sie nicht. Es hat eh zu viel Schoggi in der Schweiz, viel zu viel. Sie sind keine Bernerin, Sie sind Afro!!«

»Bitte belästigen Sie mich nicht mit Ihrem Anblick!«

SO NICHT (MEHR)!

»Ich schätze mich als nicht rassistisch ein. Die Dok hat mir aber nochmals die Augen geöffnet und mich zum Nachdenken animiert. Mir wurde erneut bewusst, dass jegliche Art von Abwertung (›Kleinigkeiten‹ wie Gesten, Sprache und vieles mehr) bedeutet, dass wir Rassismus aber auch Mobbing billigen. Das darf nicht sein! Ich werde mich noch mehr bemühen, es erstens selbst nicht zu machen und zweitens bei anderen auch hinzuschauen und gegebenenfalls mutig meine Stimme zu erheben.«

»Vieles, was du beschreibst, kommt mir sehr bekannt vor, bei mir als Jüdin ist es natürlich weniger offensichtlich als bei dir, aber die Tendenz, antisemitische Bemerkungen zu ›überhören‹ oder zu rechtfertigen, kenne ich so gut!«

»Ich habe fast zwanzig Jahre lang in Italien gelebt und wurde auch rassistisch angegangen. Mir sagte man ›extracomunitaria del cazzo‹ (entschuldigen Sie bitte den Ausdruck). Ich musste ›untendurch‹ und kam ›von der reichen, angesehenen Schweiz‹. Sollte ich mich deshalb als etwas Besseres fühlen? Nein. Ich hatte mich in Italien anzupassen, und zu gewissen Themen durfte oder sollte ich mich nicht äußern. Ich respektierte meine neue Wahlheimat, auch wenn ich nicht alles gutgeheißen oder verstehen konnte. Ich habe Mühe mit Personen die sagen, sie fühlten sich in der Schweiz rassistisch behandelt, weil die Leute sie immer auf Englisch ansprechen oder sie fragen, woher sie kommen. Was den-

ken Sie, habe ich zwanzig Jahre lang in Italien gehört und erlebt? Ich wurde immer auf Englisch angesprochen und wurde (dank meiner blauen Augen) auch immer gefragt, woher ich komme. Ich habe das nie als Rassismus gesehen – im Gegenteil, ich habe es verstanden. Hätte ich ›italienisch‹ ausgesehen, hätten mich das die Italiener ja nie gefragt. Und ich habe Mühe damit, dass man dieses Thema so einseitig aufbauscht und das immer zu Gunsten dunkelhäutiger Menschen. Aber jeder Mensch erfährt Rassismus. Und es ist nicht (nur) ein Problem in der Schweiz. Es ist gut und fortschrittlich, dass es in meinem Land ein Antirassismusgesetz gibt. Was ich aber sehr schlimm finde ist, dass, wenn mich ein Nicht-Schweizer oder ein Schweizer mit Migrationshintergrund beleidigt, ich mich auf KEIN *Antirassismusgesetz berufen kann. Ich als Schweizerin bin in meinem Land nicht geschützt. Es ist schlimm, dass es solche Black-Lives-Matter-Bewegungen gibt ohne in Erwägung zu ziehen, dass die farbigen Menschen auch keine Lämmer sind. Wenn man einen Drogendealer fasst, ist es meistens ein Farbiger. Das ist nicht Rassismus, das sind Fakten. Vielleicht können farbige Menschen auch verstehen, dass man von Drogendealern in unserem Land die Nase voll hat. Aber statt auf Verständnis zu hoffen, hört man immer nur, dass sie rassistisch angegangen werden: Nur sie werden ja kontrolliert, weil sie eine andere Hautfarbe haben als wir Schweizer. Die farbigen Personen dürfen sich so viel mehr erlauben, denn sie haben eine Lobby, sind geschützt. Alles ist ja in deren Augen Rassismus. Sogar wenn sie sich schlecht verhalten und sie darauf aufmerksam gemacht und gebüßt werden, zücken sie ihren Joker: das Antirassismusgesetz. Alles ist gerade gefundenes Fressen. Ich finde es unmöglich, in wie vielen Dingen ich mich in meinem eigenen Land beugen muss, nur, damit sich andere nicht betupft fühlen. Schließlich haben sie gewählt, in mein Land zu kommen, dann sollen sie ihre Traditionen und Kulturen in den eigenen vier Wänden leben, aber nicht mir in der Öffentlichkeit aufzwingen wollen. Das hat auch nichts mit fehlender Toleranz zu tun, sondern mit fehlendem Respekt uns gegenüber. Wenn Menschen sich unser Land auswählen, sollen sie sich anpassen, und nicht umgekehrt. Leute, die hierherkommen, nehmen, was sie brauchen; so als hätten sie nur Rechte, aber keine Pflichten. Und das geht einfach nicht auf. Außerdem würde es mich brennend interessieren, wie es den angepassten farbigen Menschen in der Schweiz geht, wenn sie von einem Landsmann lesen, dass er wieder gedealt oder ein Verbrechen gemacht hat. Wird man da nicht wütend??? Fazit: Ich finde nicht, dass Rassismus mit der Hautfarbe zu tun hat. Wie erwähnt, wurde ich selber rassistisch angegangen und bin bleich wie eine ›Mozzarella‹. Außerdem werden auch Behinderte beleidigt, Lesben oder die Schwulen. Auch das ist Rassismus. Nur, dass diese Leute eben nicht dauernd an die Presse gehen und das aufbauschen. Das machen nur Leute, die eben eine Plattform wollen und die selber intolerant gegenüber anderen sind.«*

»An einem späten Abend nach einer 12-Stunden-Schicht bei der SBB machte ich mich zu Fuß auf den Heimweg, der durch die Zürcher Langstrasse führte. Zwei junge Polizisten hielten mich an und fragten nach meinem Ausweis. Ich hatte ihn dummerweise nicht dabei, nannte ihnen aber meinen Vor- und Nachnamen und meinen Wohnort. Einer der Polizisten sagte, wenn das mein Name sei, dann sei er Tina Turner. Sie nahmen mich mit auf den Polizeiposten, wo sie mich stundenlang festhielten, bis meine Identität geklärt war. Ich bin nie mehr ohne Identitätskarte aus dem Haus gegangen. Ich heiße übrigens Heidi und bin Schwarz«.

MARTIN: Mein Wunsch wäre, dass Racial Profiling in der Schweiz juristisch konsequenter verfolgt würde und sich auch bei der Polizei ein Bewusstsein dafür entwickelt. Dabei geht es aber nicht nur um eine juristische Gleichstellung von PoC mit Nicht-PoC, es geht um mehr. Eine jahrhundertealte Ungerechtigkeit hat sich so ins kollektive Bewusstsein verästelt und eingraben, dass wir Zeit brauchen, um sie zu klären und zu berichtigen. Wir empfinden einiges als normal, was sich nur mit einem weißen Blick als normal bezeichnen lässt. Ich spüre diesen Wunsch nach einer Korrektur der Sichtweise heute dringlicher denn je, in vielen Lebensbereichen. In den Medien, im industriellen Bereich, in der Schule, natürlich, wo das Thema der Benachteiligung aufgrund eines sichtbaren Migrationshintergrunds kaum ernst genommen wird. Ich hoffe, dass das Gespräch darüber nicht aufhört, nicht nach einem oder zwei Sommern.

ICH: Ich kann nur Erwartungen an mich selber stellen. Und ich wünsche mir, dass es mir gelingt, es den Leuten so zu erklären, dass sie im besten Fall bereit sind, mir zuzuhören. Indem wir zum Beispiel erzählen, was gewisse Erfahrungen mit uns machen. Was machen sie mit dir?

MARTIN: Systematische Benachteiligung führt zu einem Opferstatus, aus dem man sich immer wieder befreien muss. Generell gesehen nimmt mir Rassismus Lebensmöglichkeiten. Rassismus beschränkt mich in meiner Entfaltung. Es gibt eine Definition von Heimat, die sagt, Heimat ist der Ort, an dem ich mich entfalten kann. Und Rassismus ist das Gegenteil von Heimat, weil er beschränkt und einengt. Wenn man ein Fremdkörper in der Umgebung bleibt, kann man sich nicht wohlfühlen und sich nicht entfalten, man geht wie mit Fußfesseln. Man geht nicht aus sich heraus und man wächst nicht.

ICH: Ich habe ein Beispiel, das sehr gut vor Augen führt, was Rassismus mit einem machen kann: Ein Schwarzer Mann geht mit seinem Kind einkaufen. Der Vater steht beim Gemüse, das Kind vor den Süßigkeiten in einer anderen Ecke des Geschäfts. Auf einmal hört der Vater den Geschäftsführer des Ladens schreien. Er schreit das Kind an, warum es soeben Süßigkeiten gestohlen habe, er habe es genau gesehen. Der Vater eilt herbei. Schnell stellt sich heraus; es war ein Missverständnis. Das Kind hatte nichts eingesteckt. Es hatte sich die Süßigkeiten nur angeschaut. Der Geschäftsführer hat sich also eingebildet, dass das Kind etwas gestohlen hat. Ich glaube ihm sogar, dass er wirklich geglaubt hat, etwas gesehen zu haben. Doch weshalb? Bei einem weißen Kind hätte er wohl einfach ein weißes Kind vor einem Regal gesehen. Beim Schwarzen Kind jedoch spielte sich bei ihm ein Film voller Vorurteile ab, und so glaubte er, ein Schwarzes Kind zu sehen, das gerade Süßigkeiten stiehlt. Dann ruft er es in einer Lautstärke durch den Laden, so laut, dass es alle hören können. Er führt das Kind und seinen Vater buchstäblich vor. Wäre der Vater ein weißer Mann mit Anzug gewesen, wäre der Geschäftsführer im gleichen Fall ganz bestimmt um einiges diskreter mit der Situation umgegangen. Nun frage ich dich: Wenn ein Kind immer mal wieder solche Erlebnisse hat – und die wird es haben –, was macht das mit diesem Kind? Es wird die Erfahrungen ins Erwachsenenalter mitnehmen. Es wird damit vielleicht besser oder weniger gut zurechtkommen als andere. Vielleicht wird es durch solche Erfahrungen stärker. Vielleicht führt es aber auch dazu, dass sich das Kind irgendwann klein und minderwertig fühlt und sich sagt, dass es als Schwarzes Kind weniger wert ist als ein weißes. Das macht Rassismus mit einem.

MARTIN: Es gibt PoC, die sich die Haut aufritzen. Oft sind die Folgen des Gefühls der Minderwertigkeit aber diskreter und kaum auf den ersten Blick erkennbar. Gerade als Lehrer habe ich gelernt, dass in der Motivation von Schüler*innen mit einer Migrationsgeschichte eine besondere Chance zu deren Förderung liegt. Andersherum: dass man sie zu schlechten Schüler*innen macht, wenn man ihre Leistungen übersieht oder geringschätzt. Darin liegt, nicht immer, aber oft, ein systematischer und struktureller Rassismus, ein Minderwertigkeitsverdacht, unter den man diese Schüler*innen stellt. Rassismus in der Schule bleibt ein Vergehen an der Lernbiografie von Kindern und Heranwachsenden, die sich nicht wehren können. Die genau in dieser Phase ihres Lebens gefördert und nicht herabgesetzt werden sollten. Ich habe erlebt, wie Schüler*innen mit Migrationsgeschichte beinahe schon daran gewöhnt sind, sich unter Wert zu verkaufen, sich aber bei positiven Feedbacks oft empfänglicher zeigten als andere. Dass die normale Anerkennung bei einem guten Arbeitsresultat ihr Selbstvertrauen stärkte und sie wiederum zu einer noch besseren Leistung motivierte, als würden sie, auch für sich selber, aus der Unsichtbarkeit heraustreten. Zuweilen war das Ergebnis geradezu mit Händen zu fassen, wenn aus mittelmäßigen Schüler*innen auf einmal hervorragende wurden.

ICH: Manchmal frage ich mich, weshalb ich, die ich den Rassismus und das Schwarzsein so erfolgreich ignoriert habe, mir eigentlich Jobs gesucht habe, in denen ich mich so exponiere und dadurch Ausgrenzungen besonders stark spüre. Heute als Fernsehmoderatorin, früher als Schauspielerin. Obwohl ich wusste, wie schwer es für mich als Schwarze Frau teilweise sein würde, Rollen zu bekommen, wollte ich unbedingt Schauspielerin werden. Aber vielleicht ist gerade das die Erklärung: dass ich meine Hautfarbe selbst nicht sehen wollte.

MARTIN: Wir agieren ja nicht nur aus bewussten Absichten, logischen Entscheiden und nachvollziehbaren Entschlüssen heraus. Wir handeln oft nach einem unbewussten Plan. Demzufolge hast du dir doch gewünscht, aus dieser Verdrängung herauszufinden und dich an einen Ort zu katapultieren, wo du über Benachteiligung reden MUSST.

ICH: Bewusst oder unbewusst – ich glaube, bei mir hat es schlicht mit der peinlichen Ignoranz meiner eigenen Hautfarbe zu tun. Anders ist es nicht erklärbar, dass ich mich zum Beispiel sogar mal an einem Theater auf eine Rolle als Pippi Langstrumpf bewarb. Und ich habe mir selbst stets gesagt: Ich komme zwar nur für den allerkleinsten Teil der Rollen in Frage, doch wenn ich in Frage komme, ist meine Konkurrenz dafür kleiner. Jetzt arbeite ich beim Fernsehen, wo man mich sieht, ich setze mich dem wieder aus. Ich habe mich zum ersten Mal kurz nach der Jahrtausendwende als Moderatorin beim Schweizer Fernsehen beworben. Es wäre für die Nachtausgabe der *Tagesschau* gewesen. Bei der Absage hieß es, ich hätte ein tolles Casting abgeliefert, aber man könne mich trotzdem nicht nehmen. Es gebe halt manchmal noch andere Gründe für eine Absage, die nichts damit zu tun hätten, wie gut eine Bewerbung sei. Ich habe diese Begründung nicht verstanden, aber auch nicht nachgefragt. Kurze Zeit später sagte mir jemand, der den Stellenbesetzungsprozess intern mitbekommen hatte, dass man bei mir zum Schluss gekommen sei, dass die Schweiz noch nicht für eine »dunkelhäutige« *Tagesschau*-Moderatorin bereit sei, und fügte dem Satz bei »und schon gar nicht zu dieser Tages- beziehungsweise Nachtzeit«. Als dann 2014 wieder eine Moderationsstelle ausgeschrieben war, rief ich den damaligen Redaktionsleiter zunächst an und fragte ihn, ob es sich denn überhaupt lohne, mich zu bewerben, denn ich sei – damals sagte ich noch – »dunkelhäutig«. Mein Aussehen habe keinerlei Einfluss auf meine Bewerbung, sagte er mir. Ich bewarb mich und wurde zum Casting eingeladen. Danach vergingen etwa zwölf Wochen, bis ich die Zusage erhielt. In dieser Zeit habe ich mir den Kopf darüber zerbrochen, ob es auch mit meiner Hautfarbe zusammenhängen könnte, dass es so lange dauert. Ich habe mir ausgemalt, wie sie oben in der Chef*innenetage wochenlang darüber diskutieren, ob sie diesen Schritt nun wagen wollen, was dafür und was dagegen spricht. Ich weiß bis heute nicht, wie es damals war.

MARTIN: Eigentlich haben wir beide das gleiche gemacht: Wir haben einen Schritt aus der Unsichtbarkeit heraus gemacht und einen Beruf ergriffen, in dem wir sichtbar werden und eine Sprache finden müssen. Es ist ein unbewusster Wunsch, der sich darin manifestiert, dass wir uns zeigen wollen. Wir haben uns das nicht bewusst zugetraut, aber dennoch darauf hingearbeitet. Ich mit dem Schriftstellerberuf genauso. Ich habe mich gewappnet gegen das Verstummen und gegen das Stumm-Gemacht-Werden. Mich kann man jetzt nicht mehr stumm und unsichtbar machen, und dich genau so wenig. Eigentlich hast du genau den Job gesucht, bei dem du am meisten gesehen wirst.

ICH: Obwohl ich eigentlich genau das nicht wollte – ich wollte mich anpassen und unterordnen.

MARTIN: Die Widersprüche im eigenen Leben sind wohl die interessanten Lebensfiguren. Nicht dort, wo wir nur konsequent sind und einen vorgegebenen Weg abschreiten, sind wir originär. Sondern dort, wo wir zu unseren Widersprüchen stehen können. Wenn du mich früher gefragt hättest, was du nicht machen darfst, um dich nicht zu verletzen, dann hätte ich dir gesagt, du solltest auf keinen Fall

Tagesschau-Moderatorin werden. Und doch bist du das geworden.

ICH: Dabei haben meine beruflichen Hürden natürlich schon viel früher begonnen. Auch bei Jobs, bei denen das Aussehen eigentlich keine Rolle spielt. Schon bei meinen ersten Bewerbungen überlegte ich mir, ob meine Chancen für eine Stelle nun mit oder ohne Foto kleiner sind. Ohne Foto stünden meine Chancen bei einer Bewerbung schlecht, weil man ja grundsätzlich einer Bewerbung ein Foto beilegt, und mit Foto stünden sie allenfalls noch schlechter, weil es das Foto einer Schwarzen Frau war. Solche Gedanken können dazu führen, dass sich jemand an gewissen Orten vielleicht gar nicht erst bewirbt. Vielleicht auch deshalb, weil es an diesem Ort gar niemanden gibt, der auch so aussieht. Das ist eine zusätzliche Hemmschwelle. Du hast diese Sichtbarkeit angesprochen. Doch wo etwas nicht existent ist, kann es auch nicht sichtbar sein. Stell dir vor, ich weiß nicht wie es heute ist – doch gemäß einer Studie[12] stammten in den großen Deutschschweizer Medienunternehmen bis vor wenigen Jahren weniger als vier Prozent der Journalist*innen nicht aus der Schweiz oder aus Deutschland. In der Schweiz aber haben fast 38 Prozent[13] der Menschen einen Migrationshintergrund. Und da sind Menschen wie wir beide nicht einmal miteingerechnet. Ein großer Teil unserer Gesellschaft in diesem Land ist in vielen Bereichen schlicht nicht sichtbar. Und das liegt an unseren Strukturen. Wenn ich nicht abgebildet bin, fühle ich mich auch nicht vertreten, und somit kostet es mich mehr Überwindung, einen Versuch zu wagen und ein bestimmtes Ziel zu erreichen.

MARTIN: Auch im Schulsystem wird auf den hohen Prozentsatz an Schüler*innen mit Migrationsgeschichte nicht angemessen eingegangen. Gerade in der Schule gibt es tausend Möglichkeiten, ausgegrenzt zu werden – und immer wird es heißen, das kann ja auch einem Weißen passieren. Kuriose Situationen erlebte ich aber nicht nur als Schüler und später dann als Lehrer, sondern auch als Schriftsteller. Ich kann mich an eine Lesung in Frankfurt erinnern, wo ich in den Lesesaal gehen wollte und man sagte mir – die Lieferanten sollten hinten eintreten und nicht vorne. Strukturellen Rassismus erfährt man da, wo man auf unsichtbare Barrieren stößt. Oft sind die nur in den Köpfen der anderen. Ich denke, dass Menschen wie wir genügend eingedeckt wurden mit strukturellem Rassismus. Dass es für uns in unseren Berufen nie selbstverständlich war, das zu werden, was wir heute sind. Hätte ich mit zwanzig daran gedacht, einmal Schweizer Schriftsteller zu werden, hätte ich es für unmöglich gehalten. Schließlich bin ich einfach Schriftsteller geworden. Aber auf den Lesereisen mit Pro Helvetia, bei denen es oft einen Hauch von Offizialität gab, wusste ich immer, was man meinte, wenn man mich auf meine Herkunft ansprach. Nicht allen Leuten im Publikum hat es gefallen, einen »farbigen« Schweizer Schriftsteller zu sehen. Am meisten hat man sich in der Türkei darüber gewundert, dass die Schweiz einen Schriftsteller schickt, der gerade so gut ein Türke hätte sein können. Das war auch für mich nicht wirklich entspannend. Die fehlende Selbstverständlichkeit ist für mich der größte Beweis für strukturellen Rassismus. Ich habe neulich den Satz gelesen »Rassismus ist wie die Luft, in der ich atme«. Ich glaube, dass wir viel Trauerarbeit leisten mussten, um immer wieder aus all den Unselbstverständlichkeiten herauszufinden. Das kann man kaum beschreiben. Letztendlich hat uns das von der Partnerwahl über die Berufswahl und bis zur Erziehung der Kinder geprägt. Heute rege ich mich kaum mehr auf, wenn jemand seine Vorurteile an mir auslässt. Aber sobald ich Jugendliche sehe oder Menschen, die sich nicht wehren können, wenn sie schlecht behandelt werden, tut mir das weh.

ICH: Mir passiert es immer mal wieder, dass man mich in einem Geschäft fragt, wo denn dies oder jenes sei, ob wir dieses oder jenes im Angebot hätten. Man hält mich für die Verkäuferin. Auch wenn das ja nichts Schlimmes ist, zeigt es, welche Strukturen in unseren Köpfen verankert sind.

MARTIN: Und es zeigt, dass du eigentlich permanent mit Herabsetzungen konfrontiert wirst durch Leute, die sich dessen nicht bewusst sind. Die dich zwar verletzen, aber gleichzeitig sagen: »Ich meine es nicht böse.« Mit diesem Double-Bind umgehen zu lernen, halte ich für eine der größten Herausforderungen im Leben einer Person of Color.

ICH: Aber ich möchte das den Leute jeweils nicht sagen. Ich will niemandem sagen, er oder sie sei rassistisch. Denn dann entsteht eine Abwehrhaltung, die niemandem hilft.

MARTIN: Du brauchst ja nicht zu sagen: »Sie sind ein*e Rassist*in.« Du kannst ihm oder ihr auch einfach nur sagen: »Diese Äußerung oder dieses Verhalten ist für mich rassistisch«.

ICH: Das ist für mich dasselbe. Ich würde das anders machen. Ich würde versuchen zu sagen, das und das führt bei mir zu dem Empfinden.

MARTIN: Hat es das nicht auch schon in der Partnerschaft gegeben? Dass du zu deinem Partner sagen musstest: »Eigentlich ist das rassistisch«? Ich kann mir keine bikulturelle

Partnerschaft vorstellen, wo die unterschiedlichen Perspektiven nicht auch irgendwann einmal zum Thema werden.

ICH: Schon möglich. Aber ich zweifle daran, dass wir weiterkommen, wenn wir unseren Partner*innen vorhalten, sie seien rassistisch. Du wirst nur weiterkommen, indem du jemandem sagst, was es mit dir macht. Dann wird er*sie vielleicht selbst darauf kommen und bestenfalls sogar etwas ändern wollen.

MARTIN: Dennoch kann man es auch benennen. Sonst nehme ich das Problem nicht ernst. Auch die Frage, woher wir kommen: Sie kann situativ sehr angemessen sein, und wir finden es zuweilen angebracht, wenn man sich für unsere Herkunft interessiert. Gleichzeitig kann es, in einer anderen Situation, auch sehr herabsetzend und rassistisch sein.

»Ich bin zwar nicht dunkelhäutig, komme jedoch aus dem Kosovo. ›Obwohl‹ ich Ärztin bin, erfahre ich im Spital jeden Tag Rassismus aufgrund meines Namens. Ich bin mit neun Jahren in die Schweiz gekommen und musste stets besser sein und mehr leisten, um am Schluss dasselbe zu erreichen! Anders als Sie, habe ich von Anfang an versucht, mich zu wehren, darüber zu diskutieren und Rassismus anzusprechen. Erst durch Ihre Reportage habe ich gemerkt, dass ich irgendwann einmal damit aufgehört habe, keine Ahnung, warum. Ich nehme an, weil, wenn ich bei Diskussionen nicht lockerließ oder einmal auch lauter wurde, es sofort hieß ›typisch Kosovarin‹!«

»Ich bin Türkin, bin mit zwei Jahren in die Schweiz gekommen und habe sämtliche Schulen inklusive Fachhochschule und Masterabschluss in der Schweiz gemacht. Dennoch,

muss ich mich aber nach wie vor mehr als jeder andere im Job (oder sonst wo) behaupten. Ich empfand gewisse Fragen und Aussagen in der Vergangenheit oft als sehr kränkend. Ob ich mich dann aber gewehrt habe oder nicht, änderte nichts daran, dass ich innerlich sehr verletzt war.«

»Ich selbst habe süditalienische Eltern und sehe – sagen wir – sehr orientalisch aus. Ich werde regelmäßig gefragt, woher ich komme, Menschen sprechen mich am HB Zürich auf Hochdeutsch an und benutzen plötzlich nur noch die Grundformen der Verben. Ich wurde auch ganz konformistisch erzogen – Anpassung war alles. Kämpfen Sie weiter, wir müssen alle unsere Stimme erheben.«

»Es macht mich auch wütend, wenn ich wie gestern Abend als Fahrgast erlebe, wie ein Taxifahrer einen vor uns falsch fahrenden Autofahrer wegen seiner Hautfarbe als ›N, der ja nicht richtig Auto fahren kann‹, bezeichnet. Ich nervte mich und sagte dem Taxifahrer, dass, wie jemand fährt, doch nicht von der Hautfarbe abhängig sei und dass das Wort N* gar nicht gehe. Daraus entstand eine spannende Diskussion zwischen dem (wie ich erfuhr) aus Serbien stammenden Taxifahrer und mir, einer 62-jährigen Frau. Der Anfang des Gesprächs war auf beiden Seiten sehr emotional, doch durch das gegenseitige Zuhören entwickelte sich etwas sehr Gutes. Er sagte mir, dass er noch nie eine solche Diskussion mit einer Frau geführt habe, und wir verabschiedeten uns beide glücklich darüber, was da möglich war auf einer Taxifahrt zwischen Olten und Läufelfingen. Nicht zu schweigen, speziell außerhalb des vertrauten Umfelds, braucht viel Mut. Ich bin froh, dass mir dies gestern Abend gelungen ist und offensichtlich auch bei dem Taxifahrer etwas Positives ausgelöst hat.«*

»Gestern sah ich den Reporter *über Angélique Beldner und möchte mich für die gelungene Sendung bedanken! Sie hat mich inspiriert und mir bewusst gemacht, dass ich auch als weiße Person zu oft Diskussionen über Rassismus ausweiche. Das möchte ich in Zukunft ändern.«*

»Wenn du erlaubst, möchte ich dir eine Anekdote aus meiner Kindheit erzählen, die mich immer noch quält. Wir hatten in der Primarschule in Münchenstein ein Schwarzes Mädchen in der Klasse. Wir haben sie gehänselt – bis ihr Vater in die Schule kam. Der Vorfall schmerzt mich noch heute. Warum haben wir sie nicht einfach akzeptiert, wie sie ist? Ich glaube, sie wäre eine nette Person gewesen. Ebenso ihr Vater. Es hätte sich gelohnt, die Familie kennenzulernen. Ich habe die Chance verpasst. Wir alle. Manchmal habe ich das Bedürfnis, mich bei ihr zu entschuldigen. Vielleicht sollte ich sie tatsächlich mal suchen und es wirklich auch tun. Ich glaube, ich habe viel aus diesem Vorfall gelernt. Danach habe ich niemanden mehr wegen der Hautfarbe oder anderen Eigenheiten gehänselt. Denke ich wenigstens. Und ich versuche, auch meinen Kinder die Werte der Toleranz zu vermitteln.«

»Soll man schweigen oder soll man die eigenen Erfahrungen öffentlich machen und zur Debatte stellen? Eigentlich ist die Antwort klar: Man soll, ja, man muss sprechen! Und trotzdem rede auch ich kaum je über den am eigenen Leib erfahrenen Rassismus, und so vieles, was Sie in diesem Film berichtet und geschildert haben, hat mir direkt aus dem Herzen und aus verdrängten Hirnwindungen gesprochen. Eigentlich schreibe ich nie solche Mails. Aber da die Hass-Mails wahrscheinlich in der Überzahl sein werden, freut Sie das vielleicht. Sie brauchen nicht zu antworten.«

»Ich wollte Ihnen nur Danke sagen für diesen Film. Sie reden mir aus dem Herzen. Unsere Geschichten sind verschieden, aber sie sind doch gleich.«

MARTIN: Du warst, wie du erzählst, eine Meisterin darin, Kränkungen auszublenden. Sicher bist du als Journalistin auf Berichte über eindeutigen Rassismus gestoßen. Ich denke etwa an die Hetzjagd auf Geflüchtete in Deutschland. Dort konntest du ja nicht mehr ausweichen. Wie kommen denn solche Berichte bei dir an?

ICH: Das habe ich nicht ausgeblendet. Und wir müssen realistisch sein: Es gibt Menschen, die machen Ausgrenzungserfahrungen, die weit, weit schlimmer sind als das, was wir beide erleben. Ich hatte zwar in gewissen Situationen schon Angst, ich könnte gleich verprügelt werden. Ich bin auch schon in Situationen geraten, in denen mir Männer das Gefühl gaben, ich sähe aus, als könnte man mich einfach nehmen. Als hätte ich mit meiner Minderwertigkeit nicht den Anspruch, mitbestimmen zu dürfen. Aber das sind in meinem Leben einzelne Erlebnisse. Für andere ist dies Alltag. Andere fürchten um ihr Leben. Mir ist bewusst, dass meine Hautfarbe, meine ›gemischte‹, nicht ganz schwarze Hautfarbe dazu führt, dass man mich als weniger exotisch und weniger minderwertig anschaut als andere. Gegen offensichtlichen Rassismus kann man juristisch vorgehen. Was nicht heißt, dass das immer erfolgreich wäre, und es heißt leider auch nicht, dass der Rassismus damit aufhören würde. Und der Schmerz, den jemand dadurch erleiden musste, wird auch nicht einfach gelöscht. Es ist die Form von Rassismus, die die allermeisten Menschen ablehnen und bei der sie – zumindest in meinem Umfeld – eine ähnliche Meinung haben wie ich. Allerdings gibt es auch Erlebnisse, die ganz offensichtlich rassistisch sind, und trotzdem würde man niemals dagegen rechtlich vorgehen: Mir fällt da ein ehemaliger Wohnungsvermieter ein, den ich anrufen musste, weil ich eine Ungezieferplage in meiner Wohnung hatte. Er kam vorbei, schaute es sich an und meinte dann trocken, er werde zwar etwas dagegen machen, verstehe aber meine Aufregung nicht. Schließlich sei ich von dort, wo ich herkomme, Ungeziefer doch bestimmt gewohnt. Ich habe das geschluckt. Ich weiß noch, wie ich mir mit der Wohnungsreinigung für die Wohnungsabgabe nach meinem Auszug besonders viel Mühe gab, weil ich wusste, dass er bei mir genauer hinschauen würde als bei anderen. Die Wohnung war blitzblank, doch er schikanierte mich und wollte, dass ich die Wohnung noch einmal von einem Reinigungsinstitut nachputzen lasse. Ich weiß nicht, was ich getan hätte, wenn nicht meine Freundin bei mir gewesen wäre, die ihm mit einem Anwalt drohte. Wahrscheinlich wäre ich seiner Forderung nachgekommen und hätte mich dafür verschuldet. Ich war damals noch an der Schauspielschule.

»Das fast krankhafte und verbitterte Forcieren auf das Thema Rassismus aufgrund der Hautfarbe. Als Italiener und hier in der Schweiz geboren, wurde ich permanent als Scheiß-Tschingg beschimpft, meine Kollegen als Sau-Jugos und Spagnoccoli! Haben wir uns wegen dem in einer Opferrolle verschanzt? Nein.«

»Es ist langsam peinlich! Dieses ganze Theater mit dem Rassismus, Jahre später. Du brauchst die Publicity doch gar nicht, oder? Immer über das gleiche Thema sprechen, finde ich mühsam. Gibt es wirklich Menschen, die anders farbige Menschen in den Nachteil setzen, und wenn ja, was sind das für Menschen? Wenn man sich benachteiligt fühlen will, dann gibt es immer Gründe: weil man klein ist, dünn ist,

dick ist, blond ist oder eine andere sexuelle Ausrichtung hat, weil man super intelligent ist oder Schwierigkeiten hat in der Schule, und, und, und … Da könnte ich auch an die Öffentlichkeit mit meiner persönlichen Geschichte, aber es ist mir zu blöd.«

»Ich bin immer wieder enttäuscht, warum immer nur die eine Sichtweise behandelt wird und die eigentlichen Gründe des ›Rassismus‹, die Zukunftsängste und das Unbehagen in der Schweizer Bevölkerung, nie hinterfragt werden. Die große Mehrheit der Schweizer Bürger fühlt sich deswegen provoziert, hintergangen und verarscht. Ich bin verärgert und frage mich, warum die großen Sorgen und die riesigen Ängste in der Schweizer Bevölkerung nicht ernst genommen und hinterfragt werden. Ich stelle somit fest: Die wahren Gründe für den angeprangerten ›Rassismus‹ in der Schweiz werden absichtlich nicht diskutiert. Die zigtausend illegalen, unechten und vor allem jugendlichen Asylbewerber aus Afrika, vorwiegend Eritrea, die zu über 80 Prozent nicht arbeiten (wollen) und vom Sozialstaat Schweiz leben. Diese Typen haben absolut kein Interesse an einer Integration. Es sind reine Profiteure, und sie nutzen unser Sozialsystem schamlos aus. Das ist hinterhältiger Missbrauch und krimineller Betrug unserer humanitären Tradition und eine Ausbeutung des Sozialstaates Schweiz. Die echten Flüchtlinge bleiben auf der Strecke, weil sie keine Schlepper und Schleuser in der Schweiz haben. Diese Jugendlichen sind zudem vor allem nachtaktiv, sodass viele Schweizer Bürger sich nicht mehr trauen, am Abend in die Städte oder Bahnhöfe zu gehen. Die völlig einseitige, sehr stark linksgerichtete Berichterstattung in den Medien: Bewusst werden Missbräuche und Betrügereien verschwiegen oder absichtlich verharmlost. Diese Art der Berichterstattung ist zudem eine reine Lockvogelpolitik. Der Journalistenkodex wird

somit massiv missachtet und schwer verletzt. Die Schweizer Bevölkerung fühlt sich provoziert. Ich zweifle am Rechtsstaat Schweiz, wo Gesetze nicht durchgesetzt werden und kriminelle Asylbewerber nicht ausgeschafft werden, ganz zu schweigen dann die Abgewiesenen. Zum Thema Polizeigewalt: Den kriminellen Asylbewerbern in der Schweiz passiert nichts, wenn sie gefasst werden. Sie brauchen auch keine Sanktionen zu befürchten. Sie werden am nächsten Tage wieder auf freien Fuß gesetzt. Fragen Sie mal einen Polizisten, wie man sich fühlt, wenn er am nächsten Tag denselben Typen wieder sieht und der ihn hämisch angrinst (hinterhältige Provokation). Bei jedem Schweizer Bürger wird eine Straftat sanktioniert. Als Folge der Hilflosigkeit werden dann leider die Aggressionen an den Schweizer Bürgern mit dunkler Hautfarbe entladen, wie bei Ihnen, Frau Beldner. Ich habe einige Kollegen mit dunkler Hautfarbe, die ebenfalls davon betroffen sind. Warum berichten also die Medien nicht über die hinterhältigen, kriminellen Schlepper und Schleuserbanden in der Schweiz, über die Missbräuche, die Betrügereien sowie die Korruption im gesamten Asylbereich? Ich habe es satt, als Rassist bezeichnet zu werden, nur weil ich die Wahrheiten, also konkret den hinterhältigen Missbrauch, die kriminellen Betrügereien und die Korruption im Asylbereich anprangere und darauf aufmerksam mache.«

WOHER KOMMST DU?

»Ich möchte die anscheinend nervige Frage ›Woher kommen Sie?‹ aus meiner Sicht erläutern. Wenn ich Menschen treffe, die nicht dem europäischen weißen Bild entsprechen, ist das der erste Gedanke, welcher mir durch den Kopf geht. Woher kommt dieser Mensch, was hat er wohl für eine Geschichte? Also aus lauter Neugier und viel Hoffnung, etwas Neues und Interessantes zu hören. Aus Büchern weiß man doch auch umgekehrt, dass zum Beispiel Kinder, aber auch Erwachsene, Schwarze und Inder, gerne weiße Haut berühren, in der Annahme, dass es sich anders anfühlt. So ist es auch mit Ihren wunderschönen Haaren, die möchte man halt mal gerne fühlen, einfach so. Ich hoffe so sehr, dass Sie bei uns glücklich sein dürfen.«

»Die Frage ›Wohär chunnsch?‹, wird als unangebracht empfunden. Ich will niemanden angreifen, keine Gefühle verletzen und die Problematik auch nicht herunterspielen. Auf keinen Fall! Ich möchte es nur verstehen, und ich hatte das Gefühl, Sie könnte ich fragen. Was löst diese Frage aus bei Ihnen? Ich würde mir vorstellen, die Heimat ist schon die Schweiz, aber die Identität sag ich mal, ist international. Und dieser Teil gehört doch auch zu einer Person. Ich lebe seit ein paar Jahren in der Karibik, in Barbados. Es ist wunderschön hier und die Menschen hier sind in meinen Augen ›farbenblind‹, herrlich multikulti. Aber EINE *Frage kommt immer: ›Woher kommst du?‹ Das ist Interesse, nicht Übergriff für mich. Das ist auch der Grund, den ich habe, wenn*

ich jemanden nach seiner Herkunft frage. Das mache ich, wenn jemand irgendetwas Spezielles, Fremdartiges, eventuell Unverstandenes an sich hat. Ich frage nicht mehr bei anderer Hautfarbe, weil ich mittlerweile weiß, dass es viele stört. Doch ich verstehe bis heute nicht, warum.«

ICH: Mit der Frage nach der Herkunft ist es für mich fast ein bisschen wie mit dem M*Kopf. Es ist zum Stellvertreterthema geworden für die ganze Rassismusdiskussion. Es vergeht praktisch kein Gespräch über Rassismus, ohne dass nicht auch diese Herkunftsfrage diskutiert wird. Ich habe da zwei Seelen in meiner Brust. Ich bin müde, immer und immer wieder darüber zu reden, in dieser Sache nicht weiterzukommen. Gleichzeitig merke ich, dass es eine Frage ist, die eben sehr viele beschäftigt. Und die für viele Menschen nicht nachvollziehbar ist. Und deshalb ist es mir lieber, sie fragen mich und fragen nochmal und nochmal, als wenn sie es einfach als »Blödsinn« abtun. Es ist ja auch wirklich eine schwierige Frage. Weil – du kannst ja auch sagen: Wenn dich dein Gegenüber fragt, woher du kommst, interessiert er*sie sich für dich. Du erzählst etwas von dir, und dann kommt eine Nachfrage. Das heißt doch auch: Man geht auf dich ein, zeigt Interesse. Was ist denn das Richtige? Das fragen mich viele: Darf ich dich jetzt nicht mehr fragen, woher du kommst? Ich verstehe in einer gewissen Weise, dass sie das nicht verstehen.

MARTIN: Was viele nicht verstehen, ist, dass man beim Beantworten einer solchen Frage sehr persönliche Dinge erzählen muss. Anders als ein weißer Einheimischer. Wenn ein weißer Einheimischer sagt: »Ich bin aus dem Toggenburg«, dann entgegnet man ihm: »Ach so, ja, das höre ich an Ihrem Dialekt.« Man fragt ihn dann aber nicht, ob der Vater Alkoholiker oder ob die Mutter finanziell in Nöten war.

Man fragt nichts wirklich Persönliches. Die Fragen bleiben eher an der Oberfläche. Sie bleiben im konventionellen Bereich. Wenn man mich aber fragt, woher ich komme, muss ich, um ehrlich Antwort geben zu können, eine sehr lange Geschichte erzählen. Nämlich, dass es eine indische Bevölkerungsgruppe in der Karibik, speziell auch in Trinidad gibt, dass diese als Kontraktarbeiter*innen im neunzehnten Jahrhundert ins Land kamen, von den Engländern geholt und angestellt, um die afrikanischen Sklav*innen auf den Zuckerrohrfelder zu ersetzen. Das wäre ein Teil der Antwort auf die Frage, »Wo chunnsch du här?«. Der andere Teil wäre die private Geschichte meiner Mutter, eine Geschichte, die an einem Apéro nichts verloren hat. Ich bin zwar einverstanden mit dem, was du sagst, dass man diese Frage nicht einfach ablehnen darf, da sie eine Neugier verrät. Doch da, wo man merkt, dass diese Neugier etwas Voyeuristisches hat, ich glaube dort kann man sie einfach unbeantwortet stehen lassen.

ICH: Ich konnte diese Frage schon als Kind nicht ausstehen. Dadurch, dass ich mich ja fast nie mit anderen PoC austauschte, wusste ich auch nicht, dass es vielen geht wie mir und dass es auch viele so empfinden wie ich, nämlich oft als Grenzüberschreitung. Ich konnte lange selbst nicht genau erklären, weshalb das so ist. Weshalb es mich stört. Als Kind habe ich mich bei dieser Frage immer gefragt: »Warum fragst du mich das, ich frage dich doch auch nicht?« Ich bin in der Schweiz geboren, aufgewachsen, sozialisiert worden. Mein Vater ist »zufälligerweise« Schwarz – doch ich war noch nie in seinem Herkunftsland, spreche keine der Sprachen, die dort gesprochen werden, und habe null Beziehung zu dieser Kultur. Das liegt natürlich vor allem daran, dass ich nicht mit ihm aufgewachsen bin, von meiner afrikanischen Seite leider nichts mitbekommen habe. Ich bin durch und durch Schweizerin, klar, mit einem Hintergrund, den ich weder verleugnen noch totschweigen will, der aber grundsätzlich niemanden etwas angeht. Jedes Mal, wenn mich jemand nach meiner Herkunft fragt, werde ich auf ein rein äußerliches Merkmal reduziert. Und unterschwellig, auch wenn meist unbewusst, spielt in dieser Frage mit, dass jemand, der aussieht wie ich, ja eigentlich nicht von hier kommen kann. Es sollte keine Rolle spielen, wie eine Schweizerin aussieht. Aber offenbar sehe ich nicht aus, wie eine »normale« Schweizerin, bleibe also die Exotin, und es fühlt sich an, als müsste ich mein Hiersein rechtfertigen. Ich muss also fast täglich erklären, weshalb ich so und nicht anders aussehe. Wenn ich im Ausland gefragt werde, woher ich komme, stört mich die Frage nicht. Denn dann bin ich ja Touristin, Gast, und man hört vielleicht meiner Sprache an, dass ich von woanders herkomme. Wenn ich dann antworte, ich käme aus der Schweiz, kommt nie eine Nachfrage. Mit dieser Antwort ist man im Ausland immer zufrieden. In der Schweiz dagegen reicht diese Antwort nicht. Mich stört die Frage übrigens auch in der Schweiz nicht in jeder Situation. Je besser man jemanden kennenlernt, je tiefgründiger man sich unterhält, desto mehr interessiert man sich auch wirklich für sein Gegenüber. Und dann kann es ja auch schön sein, wenn mich jemand nach meiner Geschichte fragt. Doch wenn ich jemanden frisch kennenlerne, möchte ich vielleicht zuerst einfach nur übers Wetter reden und ihm ganz bestimmt nicht meine Lebensgeschichte erzählen. Und wie du es auch sagst: Das wäre eben nötig, um die Frage nach der Herkunft aufrichtig zu beantworten.

MARTIN: Ich höre etwas zwischen den Zeilen bei dir wie »Du bist kompliziert. Musst du das so zum Problem machen?« Ich spreche jetzt nicht von der jungen Angélique, sondern von der jetzigen, der erwachsenen Frau, die auf etwas beharrt, auch wenn man ihr zu verstehen gibt, sie sei kompliziert. Wie weit gehst du mit dem Wunsch, ganzheitlich wahrgenommen zu werden?

ICH: Ich gehe mittlerweile so weit, dass es mich nicht mehr verstummen lässt. Dass ich mir öfter als früher ein Stück weit das Recht herausnehme, bei diesem Thema das letzte Wort zu haben. Egal, ob mein Vis-à-vis mit mir einig geht oder nicht. Wir können zusammen diskutieren, und ich möchte am Schluss wenigstens sagen können: »Ok, *aber* ... so ist es für mich.« Früher hätte ich eher versucht, herauszuspüren, ob eine Chance besteht, dass mein Gegenüber offen ist für ein solches Gespräch, interessiert ist und zumindest versucht, mich zu verstehen, und nur dann hätte ich mich auf eine Diskussion eingelassen. Und heute, wenn das Thema zur Sprache kommt, denke ich: Ich will jetzt sagen, was ich zu diesem Thema zu sagen habe.

MARTIN: Ich bin 35 Jahre lang als Schriftsteller im In- und Ausland unterwegs gewesen. Ich habe mich nie daran gestört, dass ich fast der einzige nichtweiße Autor bin. Aber ich habe andere Menschen vermisst, die meine Erfahrung und meine Perspektive geteilt hätten. Ich habe niemandem erklärt, warum ich mich nie für Lesungen in die neuen Bundesländer einladen ließ. Wie hätte ich einem Weißen klar machen können, dass es mir in diesen Ländern unwohl ist, ja, dass ich vielleicht sogar Angst hätte, allein durch die Straßen zu gehen? Welche*r weiße deutsche Autor*in könnte das nachvollziehen? Ich war immer auf die Empathie von Weißen angewiesen. Ich war übrigens auch als Gymnasiallehrer der einzige nichtweiße Lehrende. Aber ich habe erst in den letzten Jahren anhand von passenden Lektüren mit Schüler*innen meine abweichende Perspektive zum Thema gemacht. Daher meine Frage: Wie geht es dir in deinem Beruf als Moderatorin, als Journalistin damit, weitgehend die einzige PoC zu sein? Du bringst ja eine andere Perspektive und andere Alltagserfahrungen mit.

ICH: Ja, ich bringe eine andere Perspektive mit. Und diese Perspektive wäre wichtig. Unsere diverse Gesellschaft sollte überall in der ganzen Diversität abgebildet sein. Das würde ich mir natürlich auch im Journalismus wünschen. Ich muss aber zugeben, dass ich natürlich lange alles dafür getan habe, um genau nicht die »andere« Perspektive repräsentieren zu müssen. Auch als Journalistin wollte ich sein wie alle anderen, wahrgenommen werden wie alle anderen. Ich habe beispielsweise lange nie Auskunft gegeben über meinen familiären Hintergrund oder über meine Hautfarbe. Mir war es enorm wichtig, als Journalistin wahrgenommen zu werden und nicht als Schwarze Journalistin. Auch weil mir natürlich klar war, dass es ja gar nicht möglich ist, dass ich unsere ganze Diversität alleine abbilde. Es gibt ja nicht einfach die »andere« Perspektive. Ich kann nicht für alle sprechen, die »anders« sind als die Mehrheit. Gleichzeitig habe ich aber immer wieder gespürt, dass es viele Menschen gibt, die sich durch mich repräsentiert fühlen und dankbar dafür sind. Das ist eine große Verantwortung, die ich aber unmöglich alleine tragen kann. Es braucht einfach mehr. Mehr Facetten von Menschen, die möglichst in allen unseren Bereichen sichtbar vertreten sind, möglichst im gleichen Maß vertreten, wie sie in unserer Gesellschaft auch existieren.

»Nicht nur während meines Studiums, sondern auch später im Beruf wurde ich immer wieder mit Rassismus konfrontiert. Auch ist mir die Unterrepräsentation aufgefallen. Das hat sicherlich auch meine Berufswahl beeinflusst. Radio- oder Fernsehmoderatorin zu werden, hätte ich mich nie ge-

traut. Wieso sollte denn ausgerechnet ich die erste Schwarze Newsjournalistin werden? Ich dachte, ich sei bestimmt nicht gut oder speziell genug. Meine Haare zu krause, zu Afro. Eine Angélique Beldner in meiner Zeit on air gehabt zu haben, hätte das für mich sicherlich geändert.«

»Ich bin Multimedia Produktion Studentin und damit auch am Beginn meines Berufslebens hoffentlich in der Redaktion eines Schweizer Medienunternehmens. Nach meinen bisherigen Erfahrungen werde ich in diesem redaktionellen Umfeld jedoch nicht in erster Linie als Person, sondern über meine Hautfarbe wahrgenommen. Diskriminierende Witze über mein Aussehen gehören zu meinem Alltag. Dabei habe ich erlebt, was es bedeutet, täglich mit Alltagsrassismus konfrontiert und Teil einer Minderheit zu sein. Und doch möchte ich in absehbarer Zeit bei einer Schweizer Redaktion arbeiten.«

ICH: Wie hast du's mit Communities?

MARTIN: Ich bin gegenüber Communities immer sehr zurückhaltend gewesen. Wichtiger sind mir einzelne Menschen. Eine kurze Zeit lang glaubte ich, dass die Hautfarbe uns People of Color zusammenschweißen könnte. Aber das war wohl Wunschdenken. Das »Wir« gibt es nur politisch. Da ist es ein gutes Gefühl zu wissen, dass man nicht allein ist. Trotzdem »trägt« jeder seine »Hautfarbe« anders, um es mal so zu sagen. In jedem steckt eine individuelle Leidens- und Zuschreibungsgeschichte. Das beginnt schon damit, dass sich Erfahrungen von weiblichen PoC nicht mit jenen von männlichen decken. Die Stereotypen, mit denen sich Schwarze Frauen auseinanderzusetzen haben, sind andere als die bei Schwarzen Männern. Es reicht aber nicht, sich allein über die Leidensgeschichte zu definieren. Indem wir etwas dagegen tun, verlassen wir den Opferstatus. PoC ist ein Begriff, der zum Beispiel in Südafrika wichtig war, als die weiße Apartheid-Gesellschaft die Menschen nach Hautfarben aufgeteilt hat, aber es ist auch ein guter Kampfbegriff, um sich zu solidarisieren.

ICH: Ich hatte ohnehin immer das Gefühl, alles mit mir selbst ausmachen zu müssen. Als ich im Sommer 2020 angefangen habe, in den Zeitungen über Rassismus zu lesen, Interviews las mit Menschen, die sich schon viel länger mit dem Thema befasst hatten, beeindruckte mich, mit welcher Klarheit sie sprechen können. Ich merkte, dass sie das unter anderem deswegen so gut können, weil sie sich schon lange intensiv mit dem Thema auseinandersetzen. Ich staunte auch, wie viele sich so dezidiert äußerten im Wissen, dass sie danach angefeindet würden. Als ich sie fragte, wie sie das könnten, kam eigentlich immer dieselbe Antwort: Sie hatten Menschen hinter sich, die sie unterstützen, mit denen sie sich austauschen können. »Ich bin nicht alleine, ich habe viele andere um mich herum«, sagten sie. »Wir sind eine Community.« Da merkte ich, wie wichtig Communities sein können. Zusammen ist man stark, zusammen kann man für oder gegen etwas kämpfen. Ich kämpfe natürlich lieber für als gegen etwas, und noch lieber kämpfe ich gar nicht. Kämpfen ist ein starkes Wort.

MARTIN: Wenn du wünschen könntest, wo du lieber dazugehören möchtest, zu einer Black Community oder zur weißen Mehrheit. Was würdest du da wählen?

ICH: Da stehe ich – einmal mehr – dazwischen. Aber ich möchte auch nichts Neues gründen, das dazwischen liegt. Ich möchte viel lieber das eine mit dem anderen verbinden. Ich will kein Rechts, kein Links und auch kein Dazwischen.

Ich stehe in der Mitte, aber ich möchte ein Gemeinsam. Ich möchte mich nicht entscheiden müssen.

MARTIN: Mein Stiefvater mit seiner indischen Herkunft hatte weniger Probleme mit seiner Identität als ich. Er hatte zwar die gleiche Hautfarbe wie ich, doch er hatte nicht das Problem des Dazwischen-Seins. Auf die Frage nach seiner Herkunft konnte er sagen: »Ich bin Inder karibischer Herkunft.« Seine Identität war eindeutig. Ich konnte dagegen nie von einer einfachen Identität ausgehen. Ich konnte nie einfach sagen: »Ich bin ein Schweizer.«

ICH: Du bist aber ein Schweizer.

MARTIN: Natürlich, vom Pass her, ebenso von der Geburt und natürlich von der Tatsache, dass ich mein ganzes Leben hier gelebt habe. Nur entspreche ich vom Aussehen nicht dem Bild eines typischen Schweizers. Aber was ist es, das einen zum Schweizer oder zum karibischen Inder macht? Man sehnt sich nach Zugehörigkeit, die einem zuletzt von beiden Seiten vorenthalten wird. Wichtig war mir aber, dass ich meine beiden »Geographien«, um das mal so zu sagen, auch erleben konnte. Wäre es für dich nicht auch wichtig, dass du deinen afrikanischen Teil leben könntest?

ICH: Was heißt denn: »Meinen afrikanischen Teil leben«? Ein erster Schritt wäre ja schon, meinen afrikanischen Teil zu kennen. Ich habe mich ja immer dagegen gewehrt. Meine russische Seite interessierte mich eigentlich stets mehr. Wahrscheinlich, weil ich davon auch ein bisschen etwas mitbekam. Ich war zwar nie in Russland, aber die Kultur ist mir näher, weil sie mir auch ein Stück weit vorgelebt wurde. Meine russischen Großtanten kamen uns besuchen, ich weiß, wie sie angezogen waren, ich weiß, wie es roch, wenn sie da waren, ich weiß wie Russisch klingt, obwohl ich selbst kein Russisch spreche. Trotzdem habe ich da ein kleines Stück Heimatgefühl.

MARTIN: Bei mir ist es so, dass ich in meiner Jugend manchmal das Gefühl hatte, dass gewisse emotionale Eigenschaften unschweizerisch sind. Ich dachte, ich bin nicht nüchtern genug, emotional bin ich kein richtiger Schweizer. Meine emotionale Überschwänglichkeit passte nicht in dieses Land. Heute muss ich darüber lächeln. Gibt es das auch bei dir?

ICH: Das Gegenteil! Ich glaube, dass viele meiner Eigenschaften – vielleicht zu einem gewissen oder sogar zu einem großen Teil antrainierte Eigenschaften – sehr schweizerisch sind.

MARTIN: Das kannst du nicht sagen, wenn du das andere nicht ausprobiert hast.

ICH: Ich wüsste ja gar nicht, wie ausprobieren.

MARTIN: Man braucht nicht nach Afrika zu gehen, um afrikanische Leute zu treffen. In den neunziger Jahren war ich mit afrikanischen Freunden in Paris unterwegs und habe ein Schwarzes Paris kennengelernt. Dass man als PoC wertschätzend behandelt werden kann, das habe ich damals in Paris gesehen. In der Schweiz hatte ich den Eindruck, dass die Menschen von der Landesmentalität wie erdrückt werden. In London habe ich indische Menschen getroffen, die etwas ganz anderes ausstrahlten als PoC in der Schweiz. Sie waren selbstbewusst, selbstsicher und meistens mit großer Selbstverständlichkeit in einer Gruppe mit anderen PoC und Weißen unterwegs. Wenn ich heute nach London schaue, sind zwei indische Minister in der Regierung, und indischstämmige Leute sind Teil der englischen Gesellschaft.

ICH: Ich finde du verklärst hier andere Orte auf der Welt und machst die Schweiz rassistischer als andere Länder. Das stimmt nicht. Der Rassismus wird in Paris und London kaum derselbe sein wie in der Schweiz, doch es gibt ihn garantiert.

MARTIN: Aber der Unterschied liegt für mich darin, dass andere Länder durch die Tatsache, dass sie Kolonien hatten, mit PoC einigermaßen umgehen lernen mussten, einfach um als Gesellschaft funktionieren zu können. Die Schweiz ist dagegen relativ homogen in der Zusammensetzung der Bevölkerung. Oder war es in der Vergangenheit. Vergleichbar mit Deutschland und Österreich. In England weiß man seit langem, dass Brit*innen Schwarz sein können.

ICH: Aber Rassismus erleben Schwarze Brit*innen auch.

MARTIN: Ja, aber anders, finde ich. Wie du sagst, in Frankreich ist der Rassismus viel offener. Man gibt dort jemandem offen zu verstehen, dass er*sie als Fremde*r unerwünscht ist, und die PoC weiß, woran sie ist. Man sagt: »Leute wie dich mögen wir nicht.« In der Schweiz steht man nicht dazu. Es ist alles komplett kaschiert. Das macht es für uns – pardon, wenn ich das jetzt sage – doppelt schwierig. Wir tappen im paranoiden Raum herum. Das individualisiert das Problem. Weil wir keinerlei Communities hatten, weil es keine Schweizer Kolonien im klassischen Sinn gab, blieben wir mit unserer Erfahrung vereinzelt.

ICH: Ich habe in Bern einen Schwarzen Freund, mit dem ich bis zum Sommer 2020 nie über Rassismus gesprochen habe. Er ist in einem Township in Südafrika aufgewachsen, hat seine ganze Jugend dort verbracht. Er erlebte die Apartheid, die komplette Trennung zwischen Schwarz und weiß. Er erlebte, was weiße Polizist*innen mit Schwarzen Kindern machten, wenn sie zum Beispiel eine Cola gestohlen hatten: Sie drohten ihnen mit zehn Jahren Gefängnis, ausgenommen, sie würden sich bereiterklären, künftig als Informant*innen zu dienen. Er erlebte, wie Schwarze verprügelt, gedemütigt, ohne triftigen Grund eingesperrt wurden. Einige ließ man wieder frei oder man fand sie später irgendwo erschossen in einem Gebüsch. Seine Geschichte erzählte er mir erst vor Kurzem. Ich hatte großen Respekt davor, das Thema ihm gegenüber anzusprechen. Auch wenn ich seine Erfahrungen nicht kannte, war mir bewusst, dass er in Südafrika mit einer Art von Rassismus konfrontiert war, die nicht im Geringsten mit dem Rassismus in der Schweiz vergleichbar ist. Und so kamen mir meine Erfahrungen banal vor im Vergleich zu seinen, wie ich sie mir in meiner Vorstellung ausmalte. Und ich war überzeugt, dass sie auch für ihn banal sein würden. Für ihn, so dachte ich, sei alles, was ich und wahrscheinlich auch er hier erlebte, ein Klacks, er würde meine Empfindungen vielleicht lächerlich finden. Doch so war es nicht. Im Gegenteil. Er erzählte mir, welch schmerzhafte Erfahrungen er auch in der Schweiz teilweise macht. Wie unterdrückt und nicht ernst genommen er sich hier manchmal fühlt. Wie schnell man ihn für etwas verdächtigt, wie viel schlimmer es ist, wenn er falsch geparkt hat, als wenn es der weiße Schweizer hinter ihm tut. Seine Rassismuserfahrungen in der Schweiz seien tatsächlich nicht vergleichbar mit jenen in Südafrika. Doch in Südafrika zweifle sie wenigstens niemand an. Der seelische Schmerz, den er auch hier bei seinen Erfahrungen empfindet, sitzt tief.

MARTIN: Und was tut er dagegen?

ICH: Er passt sich an, ordnet sich unter, versucht, nie aufzufallen.

MARTIN: In Südafrika bist du auch als PoC selbstverständlich Südafrikaner*in. Du bist zwar vielleicht von einer »minderwertigen Rasse«, aber du warst schon immer im Land. In der Schweiz dagegen ist es ganz klar: Wenn wir nicht weiß sind, sind wir Eingewanderte, selbst wenn wir als Schweizer*innen auf die Welt kommen, bleiben wir in den Augen von vielen das Ergebnis einer exogamen Grenzüberschreitung. Wir stehen für einen kolonialen Zusammenhang, für einen Austausch, den die Schweiz mit der Welt gemacht hat. Wir sind, durch unsere Mütter, das Ergebnis einer Sehnsucht nach Welt und Ferne.

Mehrzahl vo Heimat

»Hie gebore und ufgwachse, glich blibi o dä vo dunge
und egau wie lang ig da bi, frage sie, wohär i chume

Wo bini här, chani hii, ohni dass I mi gäng muess erkläre?
Ganz egau woni bi, I bi nid glich, I bi gäng nume ähnlech

Was isch d Mehrzau vo Heimat?
Wo söui häre weni hei ga?
Hie bini dä vo dört, dört bini dä vo hie
Was isch d Mehrzau vo Heimat?
Wo söui häre weni hei ga?
Hie bini dä vo dört, dört bini dä vo hie

Dini Hut, dini Ouge, dini Stimm u dini Haar
Hesch du dir nid usgsuecht, das isch eifach aues da
u no nie het ä Mönsch chönne sy eiget Name uswähle
säg wieso sött de dä irgendöpis über ihn säge?

Was isch d Mehrzau vo Heimat?
Wo söui häre weni hei ga?
Hie bini dä vo dört, dört bini dä vo hie
Was isch d Mehrzau vo Heimat?
Wo söui häre weni hei ga?
Hie bini dä vo dört, dört bini dä vo da!«[14]

Tuwan

Martin R. Dean als Kadett, um 1970 in Aarau

Martin R. Dean, um 1964

Angélique Beldner, um 1993

DIE ZUKUNFT HAT BEGONNEN

MARTIN: Ich bin optimistisch, dass das, was 2020 einen starken Schub bekommen hat, weitergeführt wird. Viele Menschen benutzen beispielsweise nicht mehr gedankenlos das Wort M*kopf. Wir haben einen Fortschritt in der Bewusstmachung und -werdung gesehen, und das gibt mir Hoffnung, dass es möglich ist, gesamtgesellschaftlich weiterzukommen und die Emanzipation der Minderheiten bis zu ihrer Gleichrangigkeit fortsetzen zu können. Dazu müsste die Schweiz ihr Selbstbild korrigieren, sodass auch Menschen wie wir ganz selbstverständlich als Schweizer*innen angesehen würden. Politisch gesehen weiß man nie, ob es auf einmal wieder Rückwärtsbewegungen geben wird. Aber ich merke es an meinem eigenen Verhalten, an meinem eigenen Lebensgefühl, dass sich etwas geöffnet hat.

ICH: Für mich hat die antirassistische Zukunft in der Schweiz im Sommer 2020 begonnen, und sie geht weiter. Wir sind noch lange nicht da, wo ich hoffe, dass wir einmal sein werden, aber wir haben einen großen Schritt vorwärts gemacht. Wir alle. Auch viele von uns Schwarzen Menschen, bei denen viel hochkam. Viele wurden getriggert, denn erlebter Schmerz ist oft nicht vergessen, sondern nur verdrängt, was bedeutet, dass er in voller Härte auch wieder zum Vorschein kommen kann. Doch es war auch die Chance, Erlebtes zu verarbeiten und mit Erfahrungen in Zukunft vielleicht anders umzugehen, einen neuen Weg zu wagen. Wir sollten nicht jammern, ich will nicht jammern.

Doch ich möchte darüber sprechen, und ich weiß, dass ich jetzt auch darüber sprechen kann. Weil ich so weit bin, und weil auch unsere Gesellschaft so weit ist. Ich habe mittlerweile das Gefühl, nicht nur gehört, sondern auch verstanden zu werden. Und da, wo ich nicht verstanden werde, spüre ich das Interesse, mich verstehen zu wollen. Das ist ein riesengroßer Schritt. Er hilft dabei, auch diese Menschen mitzunehmen, die diesen Schritt noch nicht gegangen sind. Weil sie es nicht können oder nicht wollen. Wir können versuchen, diesen Menschen die Hand zu reichen und zu sagen: Komm doch mit. Ich bin überzeugt, dass viele, viele bereit sind, diese Hand zu greifen.

MARTIN: Für mich ist es wichtig, auf unsere Identität zu verweisen und unsere Perspektive verständlich zu machen, zur Teilnahme einzuladen, aber nicht überall zu fordern. Ich möchte nicht eine Identitätspolitik gutheißen, die die Gesellschaft spaltet. Die Gleichstellung ist dann geglückt, wenn es auf die Herkunft nicht mehr ankommt.

ICH: Nein, die Gesellschaft darf nicht gespalten werden. Das ist eine große Herausforderung, die uns alle etwas angeht. Ich denke, wir haben viel über Rassismus geredet. Das war und ist wichtig, aber wir dürfen nicht vergessen, dass man davon irgendwann auch wieder wegkommen muss. Ich möchte, dass der Alltag bald zurückkehrt. Der neue Alltag. Der, in dem man vorlebt, was man gerne hätte. Der Alltag, in dem wir sichtbar sind. Weil wir uns sichtbar machen und weil man uns Raum lässt, um sichtbar werden zu können. Ab dann, wo man uns sagt, man sehe unsere Hautfarbe nicht, weil man sie nämlich wirklich nicht sieht und sie schlicht keine Rolle mehr spielt – ab dann werden wir sagen können: Wie schön, jetzt sind wir da, wo wir sein wollen.

»It is not our differences that divide us.
It is our inability to recognize, accept,
and celebrate those differences.«

Audre Lorde

NACHWORT VON MARTIN R. DEAN

I can't breathe.

Nicht nur dem Schwarzen George Floyd hat es unter dem brutalen Knie des weißen Polizisten den Atem verschlagen, sodass er daran gestorben ist. In übertragenem Sinne geht auch vielen People of Color hierzulande die Luft aus, wenn die Existenz von Rassismus geleugnet oder verharmlost wird. Nicht selten kommen rassistische Übergriffe gerade in der Schweiz unschuldig daher. In den meisten Fällen ist den Täter*innen nicht bewusst, dass sie jemanden mit ihrer Einstellung, ihrem Sprachgebrauch oder ihrem Tun verletzen. Das Bewusstsein dafür, was rassistisch und verletzend ist und was nicht, ist nicht naturgegeben. Es muss erarbeitet und im Gespräch mit den Betroffenen gewonnen werden. Dazu braucht es Sensibilisierung. Rassismus ist nicht ein Problem der Betroffenen, sondern in erster Linie eines der Gesellschaft.

Die Demonstrationen im Sommer 2020, die die Empörung über die Morde an Schwarzen auch in unser Land trugen, haben Angélique Beldner und mich ermutigt, uns zu Wort zu melden. In der Sendung *Reporter* des Schweizer Radio und Fernsehens SRF hat Angélique Beldner den Mut gehabt, ihre Erfahrungen als Schwarze Schweizerin öffentlich zu machen. Um das Gespräch in Gang zu bringen, haben wir beschlossen, von unseren persönlichen Erfahrungen auszugehen. Aus dem Umstand, dass wir Diskriminierungen erfahren haben, leiten wir das Recht ab, darüber öffentlich zu reden. Damit es unseren Freund*innen und unseren Kindern anders ergeht. Damit die Schweiz mit der Emanzipation ihrer ethnischen Minderheiten vorankommt. Dabei ging es uns darum, die vielen Formen rassistischen Verhaltens zur Sprache zu bringen, und auch, wie sich Diskriminierung in unserem Leben ausgewirkt hat. Es ging nicht anders, als dass wir uns auch ein Stück weit unsere Lebensgeschichten erzählten. Denn Rassismus bedeutet hierzulande nicht unbedingt, dass man an Leib und Leben bedroht wird. Er bedeutet aber oft eine Verringerung der Lebensmöglichkeiten, die Vorenthaltung von Chancen, den Raub von Selbstverständlichkeit. Mit unserer Hautfarbe zu leben, kann sich anfühlen, als würde man einen Marathon mit Fußfesseln laufen. Manchmal spürt man die Fesseln kaum, dann hindern sie einen nicht nur am Vorankommen, sondern auch am aufrechten Gang.

Durch die Rückmeldungen, die Angélique Beldner auf die Sendung *Reporter* erhalten hat, entstand auf einmal ein Bild der Schweiz mit Tiefenschärfe; es zeigte sich eine Gesellschaft, die um den richtigen Umgang mit dem Anderen ringt. Man spürt bei vielen den Wunsch, etwas (bei sich) zu verstehen, was sich zuerst nur an den Erfahrungen anderer zeigt. Der Wunsch, dem anderen mit Empathie zu begegnen. Und es zeigte sich auch die bekannte Macht des Verleugnens, die sich in Schmähung äußert.

Deswegen war es uns auch wichtig, mit diesen Stimmen in einen Dialog zu treten, ohne sie indessen zu kommentieren. Das Buch möchte Anlass und Dokument eines gemeinsamen Gesprächs unter Betroffenen sein; es will weder neue Dogmen setzen noch anklagen, sondern zeigen und zu weiteren Gesprächen einladen.

Der Sommer 2020 war für uns beide eine Initialzündung. Seither ist Rassismus und Diversität als Thema auch hierzulande dominant geworden. Aber man muss darauf hinweisen, dass es schon vorher Anzeichen gegeben hat, dass die Mauer des Schweigens zu bröckeln begann. In der Zeit nach den brutalen Übergriffe auf Schwarze Menschen in den USA häuften sich auch bei uns empörte und anklagende Pressemeldungen. Diskriminierungen und Racial Profiling wurden erörtert. Ebenfalls vorausgegangen waren die Vorfälle der Basler Fasnacht bezüglich der Clique »Negro Rhygass«, die einen in der Manier eines Kannibalen dargestellten Afrikaner im Lendenschurz mit einem Knochen im Haar als Logo trugen; dieser Fall wurde landesweit diskutiert.

Xenophobie und Rassismus haben in der Schweiz verschiedene Wurzeln. Xenophobe Gefühle wurden durch den »Landigeist« vor dem Zweiten Weltkrieg als Abwehr gegenüber allem Fremden geschürt. Doch liegt die Entstehung abwertender Fremdbilder, die rassistische Wahrnehmungs- und Denkmuster erzeugen, viel weiter zurück. Hier muss man in die Geschichte des Kolonialismus und der begleitenden und ihn legitimierenden Anthropologie eintauchen. Folgt man den brisanten Ausführungen der Forschung, dann ist die Schweiz schon seit Jahrhunderten Teil eines rassistischen Unternehmens, das sich aus dem Sklav*innenhandel ergab, an dem die Eidgenoss*innen auf vielerlei Arten mitmachten.[15]

Dem gilt es sich heute zu stellen. Ein Blick auf die divers gewordene Schweizer Gesellschaft zeigt die Notwendigkeit, das Gespräch über Benachteiligungen und die Verhandlung über koloniale Fremdbilder nicht an andere Länder zu delegieren, sondern auch hier zu führen. Wir versuchen, als Schweizerinnen und Schweizer, eine Sprache für diese Erfahrungen zu finden, um diese mit anderen teilen zu können. Eine Gesellschaft ist erst dann von der Geißel des Rassismus befreit, wenn jede*r diese Einstellung in sich überprüft und bekämpft. Aber auch, wenn die Hürden und Hindernisse des strukturellen Rassismus an Schulen, Gerichten, in den Medien und bei der Polizei beseitigt wurden.

Die Schweiz ist ein fortschrittliches Land, das sich mit der Emanzipation seiner Einwohner*innen schwertut. Die Schweiz ist ein innovatives Land, das von einem konservativen Lebensgefühl beherrscht wird. Wir können uns eine Schweizer Gesellschaft vorstellen, in der People of Color selbstverständlich dazugehören. Wir möchten das Gespräch über Gleichberechtigung lieber heute als morgen führen. Dazu müssen wir nicht von der Utopie einer vollkommen befreiten Gesellschaft träumen. Wichtiger ist es, die Chance auf eine aufklärende Auseinandersetzung jetzt nicht zu verpassen. Es leben noch immer zu viele Menschen in diesem Land, die nicht gesehen werden, denen unterschwellig und unbewusst Gleichrangigkeit nicht zugestanden wird. Wo Ignoranz weiter und gegen jedes Wissen gepflegt wird, bleibt nicht nur altes Unrecht bestehen, es entstehen auch immer neue Formen. Darüber wollten wir reden.

Martin R. Dean, im März 2021

ANMERKUNGEN

1 Wir sprechen in diesem Buch immer wieder über »Hautfarbe«, weil die Farbe unserer Haut in der weißen Mehrheitsgesellschaft als Merkmal des Andersseins prägend ist. Der Begriff »Hautfarbe« gilt allerdings in der rassismuskritischen Sprache als konstruierte Klassifizierung. (Vgl. Susan Arndt / Nadja Ofuatey-Alazard (Hrsg.): *Wie Rassismus aus Wörtern spricht, (K)Erben des Kolonialismus im Wissensarchiv deutsche Sprache. Ein kritisches Nachschlagewerk.* Münster 2019)

2 Vgl. Susan Arndt / Nadja Ofuatey-Alazard (Hrsg.): *Wie Rassismus aus Wörtern spricht, (K)Erben des Kolonialismus im Wissensarchiv deutsche Sprache. Ein kritisches Nachschlagewerk.* Münster 2019.

3 In der rassismuskritischen Sprache wird der Begriff »Mischling« heute nicht mehr verwendet. Der Begriff ist dem Tierreich entlehnt und beruht auf der Rassentheorie.

4 In der rassismuskritischen Sprache wird auf den Begriff »Afrikaner*in« verzichtet, weil er zwischen den Menschen des Kontinents Afrika keine Differenzierung zulässt und so die Imagination der negativen Afrika-Stereotypen als die »Anderen« aufrechterhält.

5 May Ayim: »grenzenlos und unverschämt – ein gedicht gegen die deutsche sch-einheit«. Aus: *blues in schwarz weiss / nachtgesang*. Münster 2021 © UNRAST Verlag.

6 In der sogenannten »kritischen Weißseinsforschung« (engl. »Critical Whiteness«) wird die Ansicht vertreten, dass »Hautfarbe« nicht einfach ignoriert werden darf, sondern dass die »weiße Norm« als Konstrukt anerkannt und kritisiert werden muss. Der Begriff »Farbenblinder Rassismus« (engl. »Colorblind Racism«) beschreibt das Phänomen, wenn weiße Menschen PoC sagen, sie sähen ihre »Hautfarbe« nicht, und damit die realen Unterschiede und Ungleichbehandlungen negieren. (Vgl. Tupoka Ogette)

7 Langston Hughes: »Minstrel Man.« Aus: *The Collected Poems of Langston Hughes*. New York 1994.

8 Tupoka Ogette: *exit RACISM. Rassismuskritisch denken lernen.* Münster 2020, S. 125 f. © UNRAST Verlag.

9 Christoph Meckel: *Licht.* Frankfurt a. M. 1978, S. 106. Im Original unzensiert.

10 Auf den Begriff »dunkelhäutig« wird in der rassismuskritischen Sprache verzichtet, weil er das vermeintlich »Andere« benennt, während das vermeintlich »Normale« unmarkiert bleibt. Es entsteht eine hierarchische Schieflage. (Vgl. Bla*Sh: »Sprachmächtig: Glossar gegen Rassismus«. URL: https://www.el-maawi.ch/assets/templates/public/image/Flyer/Glossar%20race.pdf)

11 BIPoC = Black, Indigenous and People of Color

12 Guido Keel: *Journalisten in der Schweiz: eine Berufsfeldstudie im Zeitverlauf.* Konstanz 2011.

13 37,7 % der ständigen Wohnbevölkerung (über 15 Jahre) in der Schweiz haben einen Migrationshintergrund. Dazu gehören Personen ausländischer Staatsangehörigkeit und eingebürgerte Schweizer*innen – mit Ausnahme der in der Schweiz Geborenen mit Eltern, die beide in der Schweiz geboren wurden – sowie die gebürtigen Schweizer*innen mit Eltern, die beide im Ausland geboren wurden. (Bundesamt für Statistik BFS, 2019)

14 Tuwan: *Mehrzahl vo Heimat.* Melodie und Text: Collins Onoha Uzondu, Michel Piangu, Tom Oehler und Lorenz Häberli © Wemotions Music (Wemotions Musikverlag Wenger).

15 Vgl. Patricia Purtschert / Barbara Lüthi / Francesca Falk (Hrsg.): *Postkoloniale Schweiz. Formen und Folgen eines Kolonialismus ohne Kolonien.* Bielefeld 2012 sowie Hans Fässler: *Reise in Schwarz-Weiss. Schweizer Ortstermine in Sachen Sklaverei.* Zürich 2006.

GLOSSAR

In unserem Alltag erleben wir immer wieder große Unsicherheiten bei der Verwendung von Begriffen. Wir haben dies im Kapitel »Die Farbe der Wörter« thematisiert. Folgendes Glossar soll einige verwendete, nicht (mehr) verwendete, oder auch umstrittene Begriffe erklären, so wie sie in der antirassistischen und kolonialismuskritischen Literatur definiert werden.

BPoC – *Black and People of Color*
BIPoC – *Black, Indigenous and People of Color*
PoC – *Person / People of Color*
Selbstbezeichnung von Menschen und Gruppen mit Rassismuserfahrungen. Der Ursprung liegt in der US-amerikanischen Bürgerrechtsbewegung der 1960er Jahre. Im Deutschen existiert bislang keine Übersetzung für diesen Begriff, da die meisten entsprechenden deutschen Wörter, die als Übersetzung in Frage kämen, negativ konnotiert sind.

Colorism
Eine Farbhierarchie zwischen Menschen mit dunkler Hautfarbe. Das Phänomen des Colorism bezeichnet die Tatsache, dass innerhalb einer Gesellschaft, in der weiße Menschen die Mehrheit darstellen, hellere Menschen of Color in der Regel weniger benachteiligt und weniger stark von Rassismus betroffen sind als dunklere Menschen of Color.

Critical Whiteness
In der sogenannten »kritischen Weißseinsforschung« wird die Ansicht vertreten, dass die »Hautfarbe« nicht einfach ignoriert werden darf, sondern dass die »weiße Norm« als Konstrukt anerkannt und kritisiert werden muss (vgl. »Farbenblindheit«).

Dunkelhäutig
Der Begriff gilt als Fremdbezeichnung und beschränkt sich auf ein rein äußerliches Merkmal, das alles »andere« beschreibt, das nicht weiß ist. In der rassismuskritischen Sprache wird der Begriff deshalb nicht mehr verwendet.

Farbenblindheit / Colorblind Racism
In der antirassistischen Literatur wird die sogenannte »Farbenblindheit« als Phänomen beschrieben, bei dem weiße Menschen reelle Unterschiede, die viele Schwarze Menschen aufgrund ihrer Hautfarbe erfahren, leugnen und, indem sie sagen, sie sähen keine Hautfarben, nichts zu einer Veränderung beitragen.

Farbige*r
Der Begriff gilt als Konstrukt aus der Rassenlehre und als kolonialistischer Begriff.

Gaslighting
Gaslighting beschreibt im Zusammenhang mit Rassismus das Herunterspielen bzw. Negieren von Rassismuserfahrungen. Dabei wird die Person, die von ihren Erfahrungen berichtet, derart verunsichert, dass sie ihre eigenen Empfindungen in Frage stellt.

Kulturelle Aneignung / Cultural Appropriation
Unter kultureller Aneignung wird die »unerlaubte Weg-

nahme geistigen Eigentums, traditionellen Wissens oder kultureller Artefakte« (Susan Scafidi) verstanden. Die Kritik an der kulturellen Aneignung lautet, dass marginalisierte Gruppen aufgrund ihres Aussehens oder ihrer kulturellen Bräuche nach wie vor ungerecht behandelt werden, während sich gleichzeitig dominante Gesellschaftsgruppen an ebendiesen Symbolen bereichern, ohne dabei selbst Diskriminierung fürchten zu müssen (vgl. Greg Tate: *Everything But the Burden. What White People Are Taking from Black Culture.* New York 2003).

M*kopf
Der M*kopf ist mitunter die Bezeichnung für ein süßes Gebäck mit einer Schaumfüllung und schwarzem Schokoladenüberzug. Vielerorts wurde der Begriff mittlerweile ersetzt z. B. mit »Schaumkuss« oder »Schokokuss«. Der Begriff ist im späten 19. Jahrhundert in Leipzig erstmals belegt, stammt also aus einer Zeit, in der das Zweite Deutsche Kaiserreich eine aggressive Kolonialpolitik führte.

M*
Der Begriff M* geht einerseits auf das lateinische Wort »maurus« zurück, das »schwarz« und »dunkel« bedeutet, andererseits auf das griechische »moros«, das »töricht«, »einfältig« und »dumm« heißt. Der Begriff wurde früher verwendet, um Schwarze Menschen zu benennen. Da er von Anfang an negativ konnotiert war, gilt er heute als rassistisch.

Mischling / Métisse / Mixed Race
Diese Begriffe entstammen dem Tierreich und beruhen auf der Rassentheorie.

Mulatt*in / Mischling
Diese Begriffe wurden früher für Menschen mit einem Schwarzen und einem weißen Elternteil verwendet. Sie sind dem Tierreich entlehnt und entstammen der Rassentheorie.

N* / N*oid
Das Wort stammt aus dem Lateinischen, wo es »schwarz« bedeutet. Es wurde im 18. Jahrhundert mit dem Aufkommen der Rassentheorien in die deutsche Sprache übernommen. N* galten als triebhaft, kindlich, faul, kulturlos und als arme Opfer. Der Begriff stammt aus der Zeit des Sklavenhandels und der Rassentheorie und gilt daher als rassistisch.

Positiver Rassismus
Der Begriff ist etwas irreführend, da Rassismus per se nicht positiv sein kann. Dennoch bezeichnet »positiver Rassismus« oft stereotype Zuschreibungen, die als positiv gewertet werden. Beispiele: »Alle Schwarzen können gut tanzen«, »die Schwarzen können schneller rennen« etc. Das Problem des »Positivrassismus« ist u. a., dass durch Verallgemeinerungen etwa individuelle Leistungen relativiert werden. Eine Folge von positivem Rassismus ist, dass Zuschreibungen, auch wenn sie gut gemeint sind, Klischees, Stereotype und Vorurteile bestärken und damit das Konzept von Rassismus weiter aufrechterhalten (vgl. dazu Kollektiv mirsindvoda).

Race / Rasse
Der Begriff »race« meint im englischen Sprachgebrauch ein soziales Konstrukt, während der deutsche Begriff »Rasse« auf ein biologisches Konstrukt zurückgeht. Deshalb kann »race« auch nicht direkt mit »Rasse« übersetzt werden. Der

deutsche Begriff »Rasse« beruht auf der Rassentheorie und gilt daher als rassistisch.

Racial Profiling

Als Racial Profiling wird der Vorgang bezeichnet, wenn Menschen aufgrund gewisser kategorisierter Merkmale wie etwa ihrer Hautfarbe vermehrt Polizei- oder Zollkontrollen ausgesetzt werden.

Rassismus

Der *Duden* definiert »Rassismus« wie folgt:

1. (meist ideologischen Charakter tragende und zur Rechtfertigung von Rassendiskriminierung o. Ä. entwickelte) Lehre oder Theorie, nach der Menschen bzw. Bevölkerungsgruppen mit bestimmten biologischen oder ethnisch-kulturellen Merkmalen anderen von Natur aus über- bzw. unterlegen sein sollen.
2. Dem Rassismus entsprechende (bewusste oder unbewusste) Einstellung, Denk- und Handlungsweise.

Darüber, was rassistisch ist und was nicht, existiert keine allgemeingültige Definition. Die Eidgenössische Kommission gegen Rassismus (EKR) beschreibt Rassismus als Phänomen, das zwar nicht nur Schwarze Menschen betrifft, gegenüber Schwarzen aber besonders ausgeprägt ist. Rassismus gegen Schwarze zeigt sich unter anderem dadurch, dass von der äußeren Erscheinung auf das Innere geschlossen wird und dem Menschen bestimmte Eigenschaften zugeschrieben werden. Rassismus ist somit kein individuelles Problem, sondern ein historisch gewachsenes und konstruiertes Ordnungssystem, das sich auf verschiedensten Ebenen äußern kann (vgl. »Struktureller Rassismus«).

Schwarze Menschen
Politische Selbstbezeichnung von Menschen, die von Rassismus betroffen sind. Schwarz wird großgeschrieben, da damit nicht die Farbe der Haut als Eigenschaft beschrieben wird, sondern eine politische und soziale Zugehörigkeit.

Struktureller Rassismus
Meint die Form von Rassismus, die in unseren gesellschaftlichen Strukturen zum Ausdruck kommt. Wenn z. B. Menschen aufgrund ihrer Hautfarbe mehr Mühe haben bei der Wohnungs- oder Stellensuche. Es geht aber auch um die ungleiche Ressourcenverteilung von sozialen, politischen, ökonomischen und kulturellen Mitteln.

QUELLEN & LEKTÜRE-TIPPS

AntiDiskriminierungsBüro (ADB) Köln / Öffentlichkeit gegen Gewalt e. V. (Hrsg.): *Sprache schafft Wirklichkeit. Glossar und Checkliste zum Leitfaden für einen rassismuskritischen Sprachgebrauch.* URL: www.uni-hamburg.de/gleichstellung/download/antirassistische-sprache.pdf

Arndt, Susan und Nadja Ofuatey-Alazard (Hrsg.): *Wie Rassismus aus Wörtern spricht. (K)Erben des Kolonialismus im Wissensarchiv deutsche Sprache. Ein kritisches Nachschlagewerk.* Münster 2019.

Burke, Fork, Myriam Diarra und Franziska Schutzbach (Hrsg.): *I Will Be Different Every Time. Schwarze Frauen in Biel.* Biel 2020.

El-Maawi, Samira: *In der Heimat meines Vaters riecht die Erde wie der Himmel.* Basel 2020.

Fässler, Hans: *Reise in Schwarz-Weiss. Schweizer Ortstermine in Sachen Sklaverei.* Zürich 2006.

Hasters, Alice: *Was weiße Menschen nicht über Rassismus hören wollen aber wissen sollten.* München 2019.

Ogette, Tupoka: *exit RACISM. Rassismuskritisch denken lernen.* Münster 2020.

WEBSITES

Amnesty International, www.amnesty.ch

Bla*Sh, Netzwerk Schwarzer Frauen in der Deutschschweiz, www.histnoire.ch/material/blash

divers – ein Magazin für Jugendliche, www.diversmagazin.de

Diversity Arts Culture, www.diversity-arts-culture.berlin

enorm Magazin, www.enorm-magazin.de

Kollektiv mirsindvoda, www.mirsindvoda.ch

Stiftung gegen Rassismus und Antisemitismus GRA, www.gra.ch

DANK

Ein großer Dank gilt erst mal ***all jenen, die mir eine Rückmeldung auf den*** **Reporter*****-Film zugeschickt haben***. Durch diese Rückmeldungen bekam ich einen eindrücklichen Einblick in die Gefühle vieler Menschen. Es ist bemerkenswert, wie viele bereit waren, mir ihre Gefühle mitzuteilen. Noch beeindruckender ist es, dass der größte Teil der Menschen, deren Rückmeldung im Buch verwendet wird, mir dafür ihre ausdrückliche Einwilligung gegeben hat.

Danke an meine lieben ***Freund*innen***, dass ihr diesen Weg, diesen neuen Weg mit mir weitergeht. Denn das war meine größte Sorge: Dass meine wichtigsten Freund*innen, die immer da waren, auf einmal weg sind, weil wir einander nicht mehr verstehen, plötzlich nur noch aneinander vorbei reden. Das hätte ich nicht ertragen. Ich wäre von diesem Weg wieder abgekommen. Doch ich bin es nicht – auch dank euch.

Danke an meine ***Familie***, ohne deren Liebe ich nicht zu der Frau geworden wäre, die ich heute bin. Die Auseinandersetzung mit dem Rassismus, die 44 Jahre lang gefehlt hat, hat damit zu tun, wie ich aufgewachsen bin und erzogen wurde. Ich bin heute überzeugt, dass man hinschauen muss. Schaut man immer nur weg, fliegt es einem früher oder später um die Ohren. Aber ich bin auch davon überzeugt, dass ihr alle mitgeholfen habt, mich stark zu machen, mir zu zeigen, dass ich meinen Weg gehen kann, egal welche Hürden ich dabei überspringen muss. Ich kann nicht erwarten, dass ihr alle den jetzt eingeschlagenen Weg versteht. Doch es ist schön, zu sehen, dass ihr ihn akzeptiert, so wie ihr mich akzeptiert und es immer getan habt.

Und danke an meinen Mann ***Christian***. Ohne dich, mein Liebster, gäbe es nicht nur dieses Buch nicht, es hätte den Film nicht gegeben und es gäbe die Auseinandersetzung mit mir, meiner Identität und dem Rassismus nicht auf diese Art, wie es sie heute gibt. Du hast anfangs vieles nicht verstanden und hast dich manchmal missverstanden gefühlt. Als ich anfing, Dinge zu benennen, die ich kenne und erlebe, führten wir viele, auch schmerzhafte Diskussionen. Danke, dass du mir mehr zugehört hast, als du Lust darauf hattest, und dich den Diskussionen trotz allem gestellt hast. Danke, dass es dir gelungen ist, deine eigene Linie nicht zu verlieren, deinen kritischen Blick beizubehalten und mir trotzdem das Gefühl zu geben, immer für mich da zu sein.

Angélique

Auch ich bin allen Menschen, die sich in den letzten Monaten, aber auch in all den Jahren des Schreibens vorher gemeinsam mit mir mit diesem Thema auseinandergesetzt haben, zu großem Dank verpflichtet. Freundinnen und Freunde, aber auch Weggefährt*innen und Kolleg*innen der Schriftsteller*innen- und der Kritiker*innenzunft, die sich dem Thema ausgesetzt und einen Perspektivenwechsel vollzogen haben. Ebenso danke ich den Zeitungsredaktor*innen, die mir Gelegenheit gegeben haben, in Kolumnen und Essays meine Sprache zu diesem Thema zu finden. Zuerst aber gilt mein Dank meiner Frau ***Silvia Henke***, die mich seit Jahren durch die Untiefen dieser Eigen- und Fremderfahrungen auf ihre solidarische, kritische und zugewandte Art begleitet.

Martin

Danke an ***Eva Seck, Jonathan Fisch*** und ***Waseem Hussain*** für den kritischen Blick auf das Manuskript.